新课

小学语文
新课程教学法

XIAOXUE YUWEN
XINKECHENG JIAOXUEFA

熊开明◎编著

首都师范大学出版社
CAPITAL NORMAL UNIVERSITY PRESS

图书在版编目（CIP）数据

新课程学科实用教学法：小学语文新课程教学法／熊开明编著．—北京：
首都师范大学出版社，2004.5（2017.8 重印）
ISBN 978-7-81064-511-9

Ⅰ．新… Ⅱ．熊… Ⅲ．课程－教学法－小学 Ⅳ．G632.41

中国版本图书馆 CIP 数据核字（2004）第 040817 号

新课程学科实用教学法

小学语文新课程教学法

熊开明 编著

责任编辑 子 山
封面设计 伊 水

出 版 首都师范大学出版社
地 址 北京西三环北路 105 号 (100048)
电 话 总 编 室：010-68418523
团 购：010-58802818
新华书店：010-68418521
网 址 www.cnupn.com.cn
邮 箱 zunshiyuan@hotmail.com
印 刷 三河市佳星印装有限公司
版 次 2012 年 4 月第 4 版
印 次 2017 年 8 月第 8 次印刷
开 本 787mm×1092mm 1/16
印 张 10.75
字 数 213 千字
定 价 25.00 元

前 言

这本小书，是专为小学语文教师写的。它为老师们学习小学语文新课程教学法而写，也为我们和老师们共同讨论小学语文新课程教学法而写。

不管你是否参加了课改实验，相信你都在关注着、思考着、实践着课改。对小学语文课程与教学改革，你一定有着不少见解，也有着许多困惑。我作为一名小学语文教研员，对于小学语文新课程，同样有着自己的见解，有着许多困惑。小学语文新课程教学法应该是我们都感兴趣的、值得讨论的一个话题。

课程改革是一项复杂的系统工程。我国新一轮基础教育课程改革实验，涉及范围广，改革力度大，目标要求高，推进速度快，制约因素多，实施难度大。再加上语文课程与教学本身的复杂性，小学语文教师正在经受着前所未有的严峻挑战。有的老师不无感慨地说："真是越来越不会教语文了！"

是的，语文课确实难教。语文课程任务繁多，内容繁杂，教学目标和教学内容具有模糊性，教学效果也难于评价。也许是由于过去语文教育效率低的原因，也许是由于提高语文水平本身难度大的原因，有不少语文教师自身的语文水平（比如普通话、写字、写作、口语表达、文学素养等）就比较低，直接影响着语文教学的水平。在世纪之交的语文教育问题大讨论中，语文课程、语文教材、语文教师、语文教学、语文考试等等，都受到业内外人士的"口诛笔伐"，实在也是在所难免。

接下来的语文课程改革，在客观分析我国语文教育成绩、经验和问题的基础上，在新的教育理念支撑下，站在广阔的社会背景下，对语文课程的性质、理念、目标、实施策略等进行了新的审视和梳理。老师们普遍感到，虽然在实践中还有着许多困惑，但至少理念更新，思想更解放，目标更明确了。

课改给我们带来巨大的压力，造成极大的冲击，也给我们提供了一个展示才华、提升自我和实现自我的历史机遇。从某种意义上说，在新课程面前，不管是教师还是教研员，不管是老教师还是年轻教师，都处在同一条起跑线上。面对课改，我们只能迎接挑战。其结果，必定是谁参与谁受益，谁先参与谁先受益；谁最善于学习，善于思考，善于创新，谁就会走在课改的前列，成为课改的先锋。

作为一名教研员，我没有停止过对语文课程与教学改革的思考，没有停止过对新课程理论的学习，更没有停止过对小学语文教学实践的观察与反思。我始终站在教学理论和教学实践的中间，思考着语文课程与教学改革的问题。谈教学理论，我比不上众多的专家学者；谈教学实践，一线的实验教师比我更有发言权。但谈到教学理论与教学实践的结合，我或许有着一定的优势。这，正是我敢于接受本书编写任务的一个主要原因。

说到这里，你应该能感觉到我对于这本书的定位。目前，关于新课程和语文教学方面的理论书籍，以及语文教学案例一类的书籍都非常丰富，网上的有关文章也多如牛毛。我不打算单就课程与教学中的理论问题进行繁琐的论证，也不打算就教学中的具体问题或具体案例作零碎的介绍。我想从众多的理论中梳理出一些重要的观点，并努力把它们转化为教学实践的建议；同时，对教学实践中带有普遍性的问题，进行一些理性的思考。这也许正是本书的一个特点。

应该看到，新课程有着全新的理念和重大的突破，但它不能割断与历史的联系。语文课程只能在继承中发展，在发展中创新。我们在讨论小学语文新课程教学法的时候，也注重处理好继承和创新的关系。比如，从旧大纲到新大纲再到新课标，从"试用"教材到"试用修订版"教材再到新课标实验教材，从传统教学方法到现代教学方法，从"小学语文教材教法"、"小学语文教学法"到"小学语文教育学"再到"小学语文新课程教学法"，我们既关注它们的不同，也关注它们的联系，力求展现出其中的发展轨迹和变化原因。我们希望这也成为本书编写的一个特点。

还应该看到，语文课程与教学的许多理论和实践问题，都在讨论和探索过程中。我们的观点和建议，仅仅是对话中的一种声音而已。我们在书中为你留下了足够的空间，期待着你参与思考、参与讨论、参与创造。从提出问题，分析问题，到解决问题，都需要你的全程参与。应该说，这既是新课程倡导的教师专业发展策略，也是小学语文教师学习和掌握新课程教学法的必由之路。

教学法是一般性和特殊性的统一，是共性和个性的统一。语文教师要学习各科通用的教学法，更要掌握语文学科的教学法；要学习"原理"层面的教学法，也要学习"经验"层面的教学法；要重视学习前人和同仁的经验，也要重视积累自己的经验；要善于选择适合自己的教学法，更要善于创造自己的"教学法"。

希望老师们把这本小书作为把握语文新课程、研究语文教学法和反思自己教学行为的一个媒介，把阅读本书和反思教学实践结合起来，使学习和实践新课程教学法的过程，成为建构自己的"教学法"的过程。

如果能做到这一点，那么，本书又将增加一个特点。

熊开明

2004 年 3 月

目 录

第一章　教师专业发展与小学语文新课程教学法

面对新课程的实施,你也许会问:实施新课程从何做起？掌握新课程教学法从何处着手？我们的回答是：从教师认识自己开始。

小学语文教师要走进新课程，掌握新课程教学法，就必须明确自己的角色，明白如何更新自己的理念，如何提升自己的能力，不断反思自己、剖析自己、超越自己。我们对小学语文新课程教学法的讨论，不从课程标准开始，而从小学语文教师自身开始，意图就在于此。

本章有什么

本章将主要讨论以下几个话题：

- 语文教师如何面对新课程的挑战
- 新课程需要语文教师什么样的素养
- 语文教师怎样提升自己的专业素养

学习目标

学习本章，希望你在语文教师专业发展的意义、目标和途径方面有比较清晰的认识。要点有：

- 语文教师要重新认识自己，不断提升自己的专业素养，迎接新课程的挑战
- 课改依赖于语文教师提升专业素养,语文教师的专业素养也只能在课改过程中提升
- 语文教师专业发展的关键词：基本功→新理念→会设计→善操作
- 语文教师专业发展的措施：坚持开展基本功训练；加强教学反思；转变教研和培训方式；改革教师管理策略

第一节　新课程对语文教师素质的挑战

一　语文教师如何面对新课程

"学校才是课程改革的主体，而教师才是课程改革的主角。……校长、教师甚至学生、家长都要参与课程改革的过程，大家一起协商，共同讨论；发现问题，一起解决，使每一位教师都成为课程设计者，每一间教室都成为课程实验室，每一所学校都成为课程发展和改革中心。"①

如果不能有效地提高教师的素质，即使有完善的课程改革方案、完美的教材，也不可能有良好的教学效果，课程改革也难以取得成功。

一个教师，尤其是一个担任班主任的语文教师，他对学生的学习甚至一生的发展都起着至关重要的作用。他的人格魅力、学识水平、教学能力、治学态度、敬业精神甚至个性、脾气、心态等等，都会对学生产生深刻的影响。

面对新课程，面对新课程背景下的教学改革，小学语文教师首先要思考如何做一个新型语文教师的问题，要认识到自己在课程与教学改革中扮演着一个什么样的角色。

【思考与讨论】

有的老师说，"高考中考不改，小学课改免谈"。还有的老师说，"领导的教学评价观念不改，课改只能走形式"。你对这样的观点怎么看？请你带着自己的思考阅读下面的提示。

这样的观点，有一定的普遍性，尤其是在课改启动之初。他们是针对教育现实问题发出的感慨，也显得有些无奈。对这样的观点，我们应该冷静思考，正确对待。

1. 要对这次课改的意义有充分的认识

不管从民族振兴、社会发展、国家富强，还是从学生一生的发展来看，课改都是刻不容缓的事。这一点，应该是大家的共识。

2. 要打消对课改的顾虑

其中最主要的是对评价与考试的顾虑。应该看到，近年来，高考中考改革的步伐越来越快，各省自主命制高考试题已成趋势，考试题目已越来越侧重考查学生的创新能力和综合素质，各地中考科目设置、命题和招生制度改革力度也很大。相比之下，对小学考试改

---

① 欧用生，杨慧文.新世纪的课程改革.台北：五南图书出版公司，1998.87.

革的研究反而显得滞后。另一方面，随着素质教育的实施，特别是课程改革的推进，人们的教学质量观也在逐步改变，全面评估教学质量的做法越来越普遍。从另一个角度看，课改与考试本不应是对立的，而是目标一致、相互促进的关系。如果考试命题能够很好地反映学生的综合素质，那么，重视考试就是好事而不是坏事，推进课改也不应该担心考试。

3.教师要充分利用自己所拥有的空间和权力，勇于改革，努力创新，实现自己的人生理想

教师拥有一个班的学生，就是拥有一笔财富，拥有一块"自留地"，一块试验田。一个有思想、有才华、有抱负的老师，完全可以利用这一片天地，在课改的舞台上一展风采。我们相信，一个真正在课改工作中取得成功的老师，他必然会受到领导的肯定性评价。萧伯纳在《华伦夫人的职业》中写道："人们通常将自己的一切归咎于环境，而我却不迷信环境的作用。在这个世界上，有所作为的人总是奋力寻求他们需要的环境，如果他们未能找到这种环境，他们也会自己创造环境。"①

总之，教师必须认识到自己在课改中的地位和作用，认识到自己所处的形势，充分发挥自己的主动性和创造性，理解课改，走进课改。

二　新课程需要语文教师什么样的素养

面对新课程，许多老师感到知识和能力明显不足，但不知从哪些方面提升自己的专业素养。根据深圳市 2002 年所做的调查②，小学语文教师明显感受到课改对自身的综合素质要求更高了，教师需要学习的知识和技能非常多。在问卷调查中，对"你在教学改革中感到最困难的事是什么"这一问题，小学语文教师选择"改变观念"、"教学设计"、"课堂组织、引导和调控"、"制作课件和准备教具"的，分别占样本总数的 22%、20%、22%、36%，可见老师们面临多方面的困难。

在教师专业素养的各个方面中，比较关键的是将先进的教育理论和教育观念转化为教育教学方案和行为的能力，在教育教学过程中观察儿童、研究教育教学过程、有效组织教育教学活动和处理实际问题的能力。具体说，在当前的形势下，小学语文教师要提高自己的专业素养，可重点从以下几方面努力。

（一）教学基本功

前些年在我国曾兴起教师基本功训练的热潮，语文教师以"三字"（粉笔字、钢笔字、毛笔字）"一话"（普通话）"一画"（简笔画）为主要内容，坚持磨炼教学基本功，取得一定成效。随着信息技术在教学中的逐步普及，随着语文教学改革的深入，语文教师的信息

---

① 语文课程标准研制组.全日制义务教育语文课程标准（实验稿）解读.武汉：湖北教育出版社，2002.130.
② 熊开明.深圳市小学语文学科发展现状调研报告（内部资料）.2002.

素养、口语表达能力、文学素养等也被列为重要的基本功，受到关注。这些，无疑是需要语文教师终身学习、不断磨炼的硬功夫，是提高教学水平的基础条件。如果要想成为一名优秀的语文教师，要想在较大的范围内展示自己的教学水平，这几乎可以看做是一张"入场券"。但是，在课改形势下，光有这些基本的素养，还是远远不够的，正如"基本功"三个字所表达的，这仅仅是一个教师从事教学所需的最"基本"的功夫。我们确实也发现，有的老师讲一口标准的普通话，写一手漂亮的粉笔字，也能做出生动形象的课件，但是教学观念落后，难以驾驭新型的课堂。如果在过去，可以让他们按照别人设计好的教案去参加优质课竞赛获得好成绩，但现在，让他们参加新课程教学竞赛，却不一定能胜任。

（二）教学理念

理念是行动的先导，是行动的灵魂。教学改革源于新的教育理念，教学改革的困难源于旧的教育理念的束缚，教学改革的过程是新旧教育理念不断斗争的过程。语文教师要想走进新课程，胜任课改工作，必须加强教育教学理论学习，掌握新的教学理念。比如，明确新课程教学的价值取向，深化对教学过程的理解，加强对学生的关注，自觉转换教师角色，正确看待教学质量，牢固树立教书育人的意识，保持健康的心态，等等。一名优秀的语文教师，最好还能有自己的教学思想，有自己的独立见解，有自己的创新思路。这是创造性地进行教学设计和教学实施的重要条件。

（三）教学设计能力

长期以来，教师习惯于抄教参的结论、抄现成的教案，不习惯于自己结合教学实际进行教学设计。尤其是要上公开课的时候，不知道怎样才能设计出一堂好课。新课程的教师教学用书（教学参考书）比较注重尽可能多地给教师提供可利用的教学资源、教学思路、教学方法，也给教师留有较大的空间，鼓励教师学会选择，学会创造。教学设计的现实问题，一是缺时间，二是缺动力，三是缺方法。语文教师工作太忙，作业种类多，批改难度大，他们大多兼任班主任，每天要做大量琐碎的事务性工作，往往还要兼任品德与生活或品德与社会、综合实践活动等课程，能用于教学设计的时间非常有限。事业心强的教师，经常利用休息时间来进行教学设计，但事业心不强的教师，往往缺乏这样的动力。即使有时间，有动力，但许多教师也不知如何进行教学设计，尤其不知道如何把新的课程与教学理念转变为自己的教学设计。可以说，加强教学设计研究，提高教师的教学设计能力，是新课程实施的重要环节，是摆在教师面前的一项紧迫任务。

（四）课堂操作能力

新课程对教师在教学过程中的组织、调控、应变能力有着很高的要求。在强调教学过程动态生成的情况下，一个教师拿着一份很优秀的教学设计，也不一定能上出一堂好课。比如教学设计里经常有"相机进行……"这样的设计,怎么"相"机呢? 这就需要教师善于捕捉教学契机,善于抓住教学契机,不要错失良机。良好的课堂操作能力,取决于教师本人对教学过程的理解,取决于教师对教学设计意图的把握,取决于教师个人的教学经验、教学艺术、教学智慧。这是需要教师在教学实践中反复揣摩、不断探索才能形成的教学素养。

概括起来说,一个理想的语文教师,最好是"基本功"过硬,而又"有思想"、"会设计"、"善操作"。但这只是理想化的要求,在现实中真正能做到这几点的"全能"教师是不多的。我们不能期望一个教师同时具备演说家的口语、书法家的板书、科学家的设计、艺术家的表演。作为一名投身课改的小学语文教师,首先要明确自己的努力方向,确立自己的奋斗目标,不断追求,实现自我发展,自我超越,自我完善。其次,要正确认识自己的素质构成,认识自己的长处和短处,既要学会扬长"避"短,也要学会扬长"补"短。当然,在心理上也不要有太大的压力,饭要一口一口地吃,素质靠一点一滴的积累,只要用了心,只要尽了力,就应当问心无愧。

【思考与讨论】

你认为在现有的条件下,语文教师的素质究竟能提高到何种程度? 对此,你是满怀信心,还是缺乏自信? 杜威说过:"教师中的天才像其他职业者一样,不可多得,教育目前是并且将来也是托付于平凡人的手上"。① 你同意他的观点吗?

第二节　语文教师怎样提升自己的专业素养

语文教师要提升自己的专业素养,主要靠自身的努力,也依赖于教研方式、培训方式和教学管理方式的改革。

一　坚持开展教师基本功训练

应该承认,语文教师基本功不过关或者不过硬的情况还是比较普遍的。比如,普通话不标准,教学语言干瘪,不能进行示范朗读,写字不好看,写文章做不到"文从字顺",使用现代教学媒体不熟练,这些都是常见的现象。按理说,作为语文教师,这些都是必备的硬功夫,但事实并非如此。一位老师教"j、q、x"一课时,把"j、q、x"的"x"读成"si",还说"j、q、x 这几个音节 (作者注:应为声母) 你们会不会 (作者注:'会'误读成 fèi) 读呀",让人哭笑不得。

---

① 张人杰. 中小学教师的素质和任务:世纪之交的审视. 教育参考.1995(4~5).

教师基本功训练，主要靠教师持之以恒的自我锻炼，也要靠教研部门和教师培训部门组织开展有关的研讨活动、比赛活动、培训活动，进行有针对性的指导或训练。

【思考与讨论】

有人认为，现在教学主要看学生的活动，教师讲话不多，板书也可以用现代化设备代替，因此小学语文教师不用再花大量时间去操练普通话、口语、写字这些基本功了。你同意这种看法吗？

二 加强教学反思

教学反思是教师对教学过程和自己的教学行为以及由此产生的结果进行审视和分析的过程。教学反思被认为是"教师专业发展和自我成长的核心因素"。[①] 教学反思贯穿在教学前、教学中、教学后的整个过程中。教师可通过写教学后记，写教学日志，做案例分析，做课例录像分析，请同事指导和帮助，和同事讨论等方式，提高自己的教学反思能力。可以说，教学反思既是校本教研的一种有效方式，也是教师培训的一种有效方式。

【案例】

下面是一位低年级实验教师的困惑和自己的反思。

关于拼音教学：

1. 要求会写的字在教材的"课后练习"及"生字表二"中都没有标注拼音，为有的孩子准确地认读生字带来了困难，特别是平翘舌、前后鼻音的区别。

2. 由于拼音的教学目标主要是"能准确拼读音节，能借助拼音认读生字"，而且拼音教学的时间比过去大大减少，所以孩子在写话时常用错误的拼音代替不会写的字，这种情况正常吗？该怎么办？

关于识字教学：

1. 要求"认识"的字的教学目标是"能在语言环境中认识就可以了"。教学中，我在提醒学生读准字音后，主要是通过多次复现来巩固，如用字卡做各种游戏，读词语，读句子，读短文等。问题是，要求认识的字也需要适当安排"你有什么好办法来记住它们"的教学环节吗？如果这样做时间上会不会有问题？可否主要利用拼音和语言环境读准字音后再通过复现来巩固？

2. 对要求"学会"的字，我通常是在复习了字音后通过归类提出几个生字让学生观察字形，鼓励学生用自己喜欢的方式来识记生字；然后通过联系生活实际说词语、说句子来理解字义，巩固字形；再通过数笔画、观察田字格、范写、反馈评价来指导书写；还让学生回家查字典、读字典。这样处理妥当吗？

关于阅读教学：

1. 新课标要求"各个学段的阅读教学都要重视朗读和默读"，但在 1～2 年级的教学实录或各种

---

① 朱慕菊．走进新课程：与课程实施者对话．北京：北京师范大学出版社，2002.129.

公开课、展示课中都很难看到教师安排"默读"的教学环节,请问在1～2年级的教学中我们是否也应该重视默读的方法、速度、习惯的训练? 如,要求学生带着问题默读课文后,找出相关的内容。

2. 在过去的教学中,词句训练也是课文教学的重点之一。现在还有必要在学习课文的过程中进行词句训练吗? 如,第三册《蓝色的树叶》中,林圆圆说:"把绿铅笔借给我用一用行吗?"读到这里时进行"把字句的训练"会不会影响课文朗读感悟的整体性和美感呢? 放到课后练习是否更为妥当?

3. 过去对重点句子、重点段落的理解十分强调,可否这样讲,现在是更强调对全篇课文整体的把握,并通过抓住重点词句进行探究性学习和朗读感悟,没有了过去绝对意义上的重点段落?

关于生字巩固及课后作业:

1. 由于新教材每册的教材内容很丰富,每课教学的课时相对减少而每课的识字量却很大,学生每学完一课马上又进入下一课的学习,生字当天会了,过几天就只能认但听写就有困难了。毕竟每天都有十几个生字要学习,而且生字在课堂学习和课后作业后运用的机会不多。光靠读书和语文园地的复习有些孩子还是感觉有困难。教师经常安排课堂上的复习巩固又感到时间十分紧张。有什么好办法解决时间紧和巩固识字难度大的矛盾?

2. 每课除了写8～10个生字、相关词语及配套的"素质教育学案"外,可能还有各种实践活动,如做生字卡片,搜集有关资料,查字典及课外阅读等。课堂练习的时间有限,加上其他科目的任务,学生学习还是很辛苦。怎样解决这个问题?

我的初步设想:

1. 进一步学习新课标、教学参考书,认真领会精神。

2. 备课时,以专题为单位,通读教材,把握联系。

3. 备课时重视对课文的诵读。

4. 认真学习教参后所附的光盘,反复观看,体会。

5. 课前了解学生现状,精心设计每课的各个教学环节,落实三维目标。课堂上关注学生的学习状态,及时调整教学计划。

6. 重视激发学生的学习兴趣,重视探究性学习及合作学习,鼓励质疑。

7. 重视利用阅读反思、阅读批判及通过有意识地选用不同的提问方式(如,如果……又将怎样? 比较……哪个更好? 你还能说出多少种不同的可能?)来激发学生的创造性思维。

8. 努力提高课堂教学效益,少说废话。

9. 充分运用"小语网",并走出去广泛和实验区的老师交流,虚心向同事,向学科带头人求教,不懂就问。

10. 更积极地培养学生广泛的阅读兴趣,扩大阅读面,增加阅读量。

11. 进一步营造民主的课堂氛围,鼓励学生乐于表达,引导学生善于应对、评价,善于倾听,互相帮助,不懂就问。

三　转变教研和培训方式

教学研究是课程实施过程中最经常、最复杂、最长期的工作。新课程推进中最大的难点,就在于如何把新课程的理念转变为教学实践,转变为学生的学习行为和教师的教学行为。我们认为,解决这一难题,主要靠长期的、经常的教学研究,靠切实转变教研风气和教研方式。

(一)在教研作风上,要提倡民主化教研

教研员要力争作学术权威,但不以权威自居。在新课程面前,教研员要和教师优势互补,共同发展,一起成长。在教研活动中,提倡以民主、平等的态度,进行合作、沟通、交流。

(二)在教研方式上,提倡以下几种方式

(1)围绕课例进行研讨(现场课例或录像课例);

(2)针对问题进行讨论(教学实践中带有共性的问题或困惑);

(3)确定专题进行研究(包括适合集体研究的大题目和适合个人研究的小题目);

(4)结合案例进行反思(教师自己的案例和别人的案例)。

(三)围绕课例进行研讨是将教学理论和教学实践结合起来的最好方式

这种方式有利于调动教师开展教研活动的积极性,使教师成为一个积极的思考者、参与者和创造者,从而提高教研活动的实效。让教师积极参与提问和讨论,运用自己所学的教育教学理论,运用自己的教学实践经验,从不同的角度,对执教者的教学思想、教学设计和课堂操作进行分析、讨论,对提高教师的教学认识能力、教学研究能力和教学实践能力都有重要作用。围绕课例进行研讨,应该成为基本的教研方式和教师培训方式。

根据 2002 年深圳市所做的问卷调查[①],在"专家讲座"、"教研员听课评课"、"听观摩课示范课"、"围绕课例进行研讨"等教研活动方式选项中,小学语文教师选择最多的是"围绕课例进行研讨"(51%),其次是"听观摩课、示范课"(36%),在比较之下,选择"专家讲座"和"教研员听课评课"的均占 6.5%。在教师访谈中发现,老师们对纯理论的专家报告和不具操作性的教研员评课不感兴趣,对不具推广价值的作秀式的观摩课也比较反感。

但是,学校开展评课活动的现状亟待改变。在这次问卷中,只有 27% 的学校"经常开展评课活动且效果好,"大部分学校是"经常开展但效果一般"(57%),另有 16% 的学校"较少开展"或"极少开展"。

围绕课例进行研讨式评课,可以从以下几方面提高实效:

(1)研讨者共同参与课的设计、准备。比如,同年级组的教师共同备一节课,由一位教师执教,或几位教师分别执教,然后共同评课、讨论。

(2)不同的教师分别准备同一个课题的课。比如,同年级的几位老师,都独自准备上《乌鸦喝水》这一课,互相听课之后,大家来共同研讨。

---

① 熊开明. 深圳市小学语文学科发展现状调研报告(内部资料).2002.

（3）和教育专家、教研员或学校的学科带头人组成"研究共同体"，和他们一起评课、研讨。

（4）教师带着任务听课。比如，要求教师听课后必须写一篇评课文章。这样，教师听课时的状态与不带明确任务的听课大不相同，评课质量也会大大提高。

【思考与讨论】

老师们都喜欢听公开课，但越来越多的老师对公开课的准备，公开课的设计，公开课的价值，以及听课者如何看待公开课等问题提出异议。你对这些问题怎么看？把你的想法写在笔记本上，并和你的同事一起讨论讨论。

对公开课的问题，我们可从以下几个方面展开讨论：

1. 上公开课要准备什么

公开课的准备与公开课的真实性问题紧密相连。为了获得好的"教学效果"而在课前作假，是极其错误和有害的行为。备课要备学生，但不是和学生一起作假。学生在课前要做好准备，要预习，要主动学习，但准备应接近常态，而不应过于充分。教师在课前要和学生互动，指导学生做必要的准备，但不能把学生都教会了（比如把课文朗读都训练成一个模式）。上公开课之前，可以进行试教，但不能用正式公开上课的班级进行试教。不应在已经上过该课时内容的班级重复上同一节课。

2. 公开课应该怎样设计

公开课由于承担着特定的任务，它必然要比平常更精心地设计，更严密地组织实施，追求更好的效果。一节理想的公开课，应该既能出新，又能出彩，还能出实效。所谓"出新"，就是在设计上要有新意，有亮点。所谓"出彩"，就是课堂气氛好，师生表现出色，有一定的"看头"，给人留下较深的印象。所谓"出实效"，就是要实实在在，而且落实到每一个学生身上。要同时做到这三点，是很不容易的。我们应该在保证取得实效的前提下，追求出新与"出彩"。有的教师认为，如果任教班级生源不好，学生基础差，就很难"出彩"。其实，只要教师素质过硬，善于设计和引导，在这样的班级上公开课往往还能获得意想不到的效果，还特别能"出彩"。如果学生学习习惯太差，难以"出彩"，我们也没有必要为"出彩"而求"出彩"，教学只能以学生为本，而不应以"出彩"为本。

3. 是否可以借班上课

有人竭力反对借班上课，尤其是对一些名师到各地借班上课，刚和学生见面就开始上课的做法，以及一些教学比赛为了保证公平竞争，避免教师课前作假，不但要求借班上课，而且规定课前只能和学生接触15分钟的做法，提出不同看法。从理论上说，这确实违背了教育规律，不符合以学生为本、关注学生、备学生、为学习设计教学、以学论教等理念。但是，出现这样的情况，往往也是迫不得已，到外地上课不可能带自己的学生，在本地上课自带学生也存在安全隐患。不过，我们认为，如果条件允许，还是以在自己班上执教为宜；确需借班上课的，也应重视课前对学生的了解，重视和学生的交往和互动。

4. 课前谈话应该谈些什么

公开课上课前，执教者往往要进行课前谈话。好的课前谈话对放松学生紧张的心情，活跃现场气氛，做好上课的心理准备等有着积极意义。但有的教师课前谈话不讲策略，效果适得其反。比如，有的教师一开口就说："这么多老师来听课，大家紧张不紧张啊?"不说还好，越说现场气氛越紧张。有的教师课前谈话调侃过多，容易引发学生的放肆行为。有的教师在课前谈话时过多表现自己的专长，给人卖弄的感觉。有的教师课前谈话幽默风趣，把学生逗得很开心，但谈话时间太长（有时长达10分钟），把学生精力最好、注意力最集中的时间用在了课前，正式上课时学生很快就进入了注意力分散的阶段。有的教师课前谈话不注意和本课内容有机结合，为谈话而谈话，没有发挥课前谈话的整体效益。有的教师课前无话可谈，学生到现场又太早，就让学生一遍又一遍地唱歌，或者一首接一首地背古诗，显得很无聊。我们认为，课前谈话应该简短，巧妙，符合学生实际，与本课学习有机结合，有利于调动学生的积极性，有利于学生做好学习的心理准备。

5. 公开课有什么价值

公开课有示范、启发、交流、研讨等多种价值。有的课具有很强的示范性，可以让听课者模仿、学习。有的课在某些设计或操作环节上给人以思想或方法的启迪。有的课存在这样那样的问题，可以供人分析、研究、讨论，提高对教学的认识。有的公开课表演味太浓，要么为展示自己的才华，要么形式主义的东西太多，这当然不足取。有的老师说，公开课的设计往往要花很长的时间，要做大量的准备，平时上课根本做不到。有的老师说，许多公开课的成功都取决于教师的基本素质，我们一般的教师很难学到手。其实，公开课和时装表演有着一些共同的价值，比如，时装模特所穿的时装，大部分都不可能在日常生活中穿出来，但时装所传达出的设计理念，表现出的审美追求和设计创意，却有着极大的价值，时装反映着、引领着时代的服饰潮流。我们日常上课不可能都像公开课那样精彩和精致，但公开课传达出的教学理念，表现出的价值追求和设计创意，却对日常教学有着极大的价值，公开课反映着、引领着时代的教学潮流。

6. 如何听公开课

根据对公开课价值的认识，听公开课时应该带着自己的头脑，辩证地看待公开课所展现的一切。要善于从公开课中吸取经验和教训，善于从公开课中获得启发，善于根据公开课引发对自己教学的反思。公开课的某些教学方式、方法、环节往往是基于执教者的特点，根据特定的对象和特定的场合，为了体现某种理念而进行设计的，听课者切忌机械模仿、照搬照抄。

7. 如何评公开课

人们常说，教学始终是遗憾的艺术。公开课也总是瑕玉并存的。评价公开课最忌讳对执教者太苛求。在新课程背景下，教学设计和操作难度都很大，教师不但在设计时要绞尽脑汁，在操作时也需要关注太多的东西，顾此失彼是极常见的现象。我们应该设身处地地想想执教者的难处，看到执教者付出的劳动，给予充分肯定；对课的问题和不足，最好是抱着研究的态度，以建议的形式，以商量的口吻提出。执教者对评课者的意见和建议，如有不同看法，也可适当提出来探讨，但不要总是以反驳者的姿态出现，给人自负的印象，导致评课者不敢或不愿再提建议。

（四）围绕问题进行讨论也是基本的校本教研和校本培训方式

问题来自教师，大家都感到困惑或者都比较关心，针对性较强。组织这种活动时，可以先让每一位教师提出自己感到最困惑的问题，然后将这些问题进行汇总、整理，再印发给每一位教师，待大家进行思考和探索后，再集中在一起进行讨论；也可以以年级为单位，每个年级提出一两个普遍性的问题，再在全校展开讨论。

现实的情况是，教师往往习惯于提出问题，但不习惯于自己研究和解决问题，而是等着别人来帮助解决。遇到问题，他们不知道如何往下想（分析问题）。教师要提高自己的教学水平和研究能力，一定要克服"等"和"靠"的思想，要善于"往下想"。

【思考与讨论】

下面是一所小学部分语文教师提出的问题。请选择你感兴趣的问题，进行思考或者与同事讨论。

1. 教学中如何进一步理解、体现工具性与人文性的统一？

2. 是不是现在当一个小学老师，尤其是兼班主任的语文老师，只要工作经验丰富就行了，知识多少没有关系？因为很多上课的内容都可以让学生事先回家查资料的。

3. 如何把握"讲"的分寸？讲少了，心里不踏实；讲多了，又怕有"灌输""填鸭"之嫌。

4. 是不是每一节课都要有主动探究的环节？每一节课都要分小组活动吗？

5. 在实施新课标的教学中，如何让优等生吃得饱，让后进生吃得了？

6. 怎样真正落实学生的自主、合作、探究学习？

7. 语文教学时间太紧，要求掌握的内容太多，怎样合理分配课时？

8. 字、词、句、段的赏析（或分析）虽然乏味，但有助于学生鉴赏能力的提高。新课标下，是否不需要重视字词句的赏析了？

9. 低年级教材中每课的识字量都很大，该如何设计教学过程才能做到既让学生学得扎实，又让学生有发表个人意见、想法、体会的时间？

10. 广泛阅读才能开阔学生视野，我们有个读书工程计划，每星期要求学生读2万字或两本课外书，并要做读书笔记，有人说增加了学生负担。专家怎么看？有什么好办法？

11. 学生的文风很多受港台电视或社会风气的影响，教师改作文时发现，学生作文大部分的内容都是写吃喝玩乐，应该如何调控当前这个局面？

12. 口语交际课堂教学设计的指导思想是什么？

四 改革教师管理策略

在课改实验区,普遍存在着教师参与课改学习、实践、研究与繁重工作量之间的矛盾。教师要达到课改要求,必须投入大量时间和精力进行学习,有一个较长的适应过程。语文教学本身内容繁杂、任务繁多、教学难度大,语文教师工作任务相当繁杂、琐碎。我国中小学班级人数又普遍较多,课改教育资源又比较缺乏,因此教师感到工作任务重、心理压力大。一些教师认为课改减轻了学生的负担,却增加了教师的负担,希望给教师也减减负。

调研显示,小学语文教师的负担主要来自班主任工作,其次是设计教学和批改作业,在一些地区,教师应付检查评估的负担也较重。访谈中,老师们对目前检查教案的方式,意见也很大,认为老师们要花大量时间去抄现成的教案,但真正自己思考和设计教学的时间很少,抄的教案和实际教学是两回事,价值不大。老师们还普遍反映,班主任工作越来越繁琐,班主任的责任也越来越重大,大到学生意外受伤,小到放学排路队,都牵扯着班主任的时间和精力。

我们认为,搞改革肯定比不改革要辛苦,对此教师要有充分的思想准备。作为学校管理者,教研工作者,也应设身处地地为老师们想想,尽量为老师们提供宽松、和谐的工作环境,提供更好的工作条件,更多的教学资源,尽可能地减少教师的无效劳动。比如,形式化的教案检查,没完没了的会议等都应该是改革的对象。我们在教师访谈中发现,许多教师并不是对课改和教学感到不满,而是对整天把时间浪费在一些无意义的或者价值不大的繁琐事务上感到不满。他们认为这非常不值得,无异于在浪费自己的生命。

另一方面,教师需要工作成功的体验,需要领导的关心和鼓励。在教师访谈中,老师们在课改实践中普遍感到成功感少,挫折感多。这影响着教师的工作热情。作为学校管理者,要想一想,教师凭什么卖力干工作?他们一方面要凭自己对教育工作的认识,凭自己的人生理想,另一方面,也凭校长的人格魅力,凭学校管理人员的人文关怀。一所学校的文化氛围和人际关系对课改的推进和教师的成长有着直接的影响。

因此,学校改革教学管理制度和管理策略,使教师有更多的时间和精力,带着良好的精神状态研究课改,投入课改,这对提高教师的专业素养,对顺利推进课改都有着重要意义。

思考与练习

1. 你认为在新课程面前,你最缺乏的是什么?对于提高你自己的专业素养,你认为当前最紧迫的任务是什么?

2. 请你结合自己最近上的某一节课或最近一段时间的教学情况,进行教后反思,把反思过程和结果写下来。

3. 提出你在教学中感到最困惑的问题,和你的同事进行讨论。

4. 听一节课,然后和其他老师一起围绕这节课的设计和实施进行讨论。

第二章 语文课程的性质、理念和目标

过去的许多教师，眼睛习惯于盯着教材、教参和参考教案，心里老琢磨一节课要说些什么，要做些什么，视野不够开阔，看问题高度不够。今天，语文教师进行课程改革和教学改革，研究教学法，必须强化课程意识。其中最重要的是从课程开发的高度，从课程实施的角度来观察、思考教学改革问题。我们要经常问一问自己：我为什么要教语文？语文课究竟要教什么？我今天要上的这一节课体现了语文课程的新理念了吗？学生上完这一节课究竟获得了什么？

本章有什么

本章将主要讨论以下几个话题：

● 如何理解语文课程的性质、理念和目标

● 如何在教学中体现语文课程的性质、理念和目标

● 学生是什么

● 教学是什么

对这些问题，我们在理论和实践两方面都还存在着许多困惑。比如，如何认识和处理好工具性与人文性的关系，三维目标之间的关系，教与学的关系，教师和学生的关系，知识和能力的关系，基础和创新的关系，训练和感悟的关系，接受学习和自主、合作、探究学习的关系，语文学科个性和学科关联性的关系，等等。对这些关系问题，我们将择要进行简单讨论。

学习目标

学习本章之后，希望做到以下几点：

● 正确认识和准确把握语文课程的性质、理念和目标

● 知道在教学中如何体现语文课程的性质、理念和目标

● 高度重视对学生的关注，树立起新的学生观和教学观

第一节　语文课程的性质、理念和目标

　　语文课程的性质、理念和目标是《全日制义务教育语文课程标准（实验稿)①》（以下简称《标准》）中的三项重要内容，是我们认识和把握语文课程的三个基本方面。我们要想从整体上认识语文课程，必须分别弄明白《标准》相关表述的含义，还要看清楚它们之间的内在联系。

一　对语文课程性质、理念和目标的基本认识

　　我们从《标准》中，梳理出三个基本点及其关键词：①课程性质：工具性与人文性的统一；②课程理念：语文素养；③课程目标：三维目标。

　　（一）工具性与人文性的统一

　　《标准》指出："工具性与人文性的统一，是语文课程的基本特点。"

　　《全日制义务教育语文课程标准（实验稿）解读》（以下简称《标准解读》）指出："'工具性'着眼于语文课程培养学生语文运用能力的实用功能和课程的实践性特点，'人文性'着眼于语文课程对于学生思想感情熏陶感染的文化功能和课程所具有的人文学科特点。指明语文课程的'工具性'和'人文性'，目的在于凸显这两方面的功能。""语文课程'先实现工具性目标，后补充人文性内容'，或者'首先突出人文性，而后再加强工具性'，这两种想法都是不妥当的。工具性和人文性是结合在一起的，语文课程要同时实现这两方面的目标并不矛盾。"②

　　"语文课程的工具性是指语文本身是表情达意、思维交际的工具，可以帮助学好其他学科；同时，语文可以传承文化，可以传达社会价值观，从而维系社会的正常运作。""语文课程的人文性，是指语文学习过程是人实现自我成长的过程，激发人创造力与生命力的过程。语文教育活动是在特定的时空中、教师与学生双向的积极的生命运动过程。尊重人，尊重具体的人的生命价值，尊重具体人的文化及其多样性，是语文课程的应有之义。"③

　　（二）语文素养

　　《标准》指出："九年义务教育阶段的语文课程，必须面向全体学生，使学生获得基本

　　①　中华人民共和国教育部．全日制义务教育语文课程标准（实验稿）．北京：北京师范大学出版社，2001．

　　②　语文课程标准研制组．全日制义务教育语文课程标准(实验稿)解读．武汉:湖北教育出版社,2002.33～34.

　　③　杨再隋等．语文课程建设的理论与实践——《全日制义务教育语文课程标准》学习与辅导．北京：语文出版社，2001.5～6.

的语文素养。语文课程应培育学生热爱祖国语文的思想感情，指导学生正确地理解和运用祖国语文，丰富语言的积累，培养语感，发展思维，使他们具有适应实际需要的识字写字能力、阅读能力、写作能力、口语交际能力。语文课程还应重视提高学生的品德修养和审美情趣，使他们逐步形成良好的个性和健全的人格，促进德、智、体、美的和谐发展。"

《标准解读》指出："《语文标准》所提的'语文素养'包括：字词句篇的积累，语感，思维品质，语文学习方法和习惯，识字写字、阅读、写作和口语交际能力，文化品位，审美情趣，知识视野，情感态度，思想观念等内容。'语文能力'包含于其中。这里面的种种内容在以前的语文教育中也必然涉及到，但不能都归在'语文能力'的范围之内，语文课程需要有一个名称能够涵盖这样一些教育教学目标。就是基于这样的出发点，考虑用'语文素养'的名称，把上述内容纳入语文课程的目标体系。作这样的改动，不仅仅是在名称上做文章，其目的在于进一步开发语文教育在实用之外的功能，重视语文课程实施过程中增强底蕴、提高修养的功夫。"①

（三）三维目标

《标准》指出："课程目标根据知识和能力、过程和方法、情感态度和价值观三个维度设计。三个方面相互渗透，融为一体，注重语文素养的整体提高。各个学段相互联系，螺旋上升，最终全面达成总目标。"

■ 语文课程性质、理念和目标之间的内在联系

1. 语文课程性质（"工具性与人文性统一"）体现了"全面提高学生的语文素养"的理念，揭示了语文素养两方面的内涵，也即语文课程目标和任务的两个大的方面

《标准解读》指出："'工具性与人文性统一'的提法符合当前课程改革的基本理念，也有利于课程目标的展开和实施。在语文课程实施的过程中，应该始终牢牢把握这两方面的任务。"②

2. 语文课程的性质（"工具性与人文性统一"）和语文课程的基本理念（核心理念是"全面提高学生的语文素养"）是制定语文课程目标（三维目标）的依据

"语文素养"就是语文课程的总体目标，"语文素养"这个总目标，按照三个维度分为知识和能力、过程和方法、情感态度和价值观，就是"三维目标"，再具体化，就是《标准》总目标中的十条。《标准解读》指出：首先，从全面提高学生语文素养的理念出发，加强了课程目标中"情感态度和价值观"这一重要维度。……其次，从语文课程的性质和

---

① 语文课程标准研制组．全日制义务教育语文课程标准（实验稿）解读．武汉：湖北教育出版社，2002.35.
② 语文课程标准研制组．全日制义务教育语文课程标准（实验稿）解读．武汉：湖北教育出版社，2002.33～34.

特点出发，应突出课程目标的实践性，将"过程和方法"这一维度也作为目标的组成部分……再次，从现代社会对未来公民素质的要求出发，对语文的'知识和能力'这一维度也有新的理解……①

3．"工具性与人文性的统一"，"全面提高学生的语文素养"，"三维目标"，这里面的"统一"、"全面"、"三维"有着显著的关联性和一致性

只有全面提高学生的语文素养，全面落实三个维度的目标，才算体现了工具性和人文性的统一。"三维目标"的整合体现了对语文素养的整体提高，体现了工具性与人文性的统一。《标准解读》指出："大致而言，前五条目标从语文素养的宏观方面着眼，在'情感态度和价值观'和'过程和方法'两个维度上有所侧重……后五条目标从具体的语文能力培养方面着眼，侧重在'知识和能力'这个维度……但这种侧重不是绝对的，三个维度还是相互交融、渗透的关系。如第一条的表述强调'在语文学习过程中'，就涉及过程与方法；第二条既是对各种文化的态度，也可理解为是学习内容和能力要求；第三条侧重语文学习习惯和方法，但'热爱祖国语言文字的情感'和'语文学习的自信心'又属情感态度要求；第四条既讲能力，又讲态度，又讲方法，等等。后面的五条虽侧重于语文知识与能力，但阅读方面提出'注重情感体验'、'受到高尚情操与趣味的熏陶，发展个性，丰富自己的精神世界'，'学会运用多种阅读方法'就属于情感态度和过程方法方面的要求；口语交际方面提出'在各种交际场合中'显然属于过程方面的要求，'文明地进行人际沟通和社会交往，发展合作精神'又属于情感态度方面的要求。……总目标是基于人的终身需要及和谐发展所应具备的综合语文素养而提出的，它的基本精神体现了人文性与工具性的统一，思想性与审美性的统一。"②

4．"全面提高学生的语文素养"这一理念是其他三条理念的出发点和归宿

"关于语文教育应该达到什么目的，课程标准是这样表达的：全面提高学生的语文素养。为了达到上述目的，需要哪些条件呢？课程标准是这样表达的：正确把握语文教育的特点——这是达到语文教育目的的前提；积极倡导自主、合作、探究的学习方式——这是达到语文教育目的的策略；努力建设开放而有活力的语文课程——这是达到语文教育目的的保障。"③

《标准》从"全面提高学生的语文素养"这一理念出发，突出强调了学生在语文学习中的主体地位，强调学生转变学习方式的重要性。"总目标"关于学习语文的情感态度和价值观的表述，是从学习主体发展的内在需要出发的，不是外加的灌输，所以特别注意不

---

① 语文课程标准研制组．全日制义务教育语文课程标准(实验稿)解读．武汉:湖北教育出版社,2002.44～45．

② 语文课程标准研制组．全日制义务教育语文课程标准（实验稿）解读．武汉:湖北教育出版社，2002（46～47）

③ 杨再隋等．语文课程建设的理论与实践——《全日制义务教育语文课程标准》学习与辅导．北京：语文出版社，2001.16．

脱离语文学科的特点，将价值观的引导和提高文化品位、审美情趣联系起来考虑，将学习语文的自信心作为养成良好学习习惯的先决条件。在学习方式方面，强调"能主动进行探究性学习"，也是为了强调学生在语文学习中的主体性。在能力培养方面，如强调"具有独立阅读的能力"，也就是把每一个在阅读中的学生都视为一个独特的自我，这样才能做到目标中所说的在阅读中"注重情感体验"，"发展个性，丰富自己的精神世界"等要求。

《标准》从"全面提高学生的语文素养"这一理念出发，还强调了语文课程的实践性和开放性、灵活性。运用语文的实践能力，是学生语文素养的重要方面，是语文课程的基本目标。《标准》在"课程的基本理念"里明确指出："语文是实践性很强的课程，应着重培养学生的语文实践能力，而培养这种能力的主要途径也应是语文实践，不宜刻意追求语文知识的系统和完整。"又强调"建设开放而有活力的语文课程"，指出："语文课程应植根于现实，面向世界，面向未来。应拓宽语文学习和运用的渠道，注重跨学科的学习和现代科技手段的运用，使学生在不同内容和方法的相互交叉、渗透和整合中开阔视野，提高学习效率，初步获得现代社会所需要的语文实践能力。"在课程目标中，《标准》还突出了"语文综合性学习"的内容和要求，强调"能主动地进行探究性学习，在实践中学习、运用语文"。

三 在教学中如何体现语文课程的性质、理念和目标

在教学中如何按照"工具性与人文性统一"的思想，落实语文课程的基本理念和课程目标呢？这涉及到许多值得研究和探讨的问题。由于后面我们还将有相关问题的具体探讨，这里只就老师们普遍感到困惑的几个问题，略作提示。

（一）语文训练问题

在学习《标准》的过程中，有心的老师发现《标准》基本不提"训练"二字（只出现一次）。语文教材中原有的"基础训练"，也被"练习"、"复习"、"积累·运用"、"语文园地"、"语文天地"等名称所取代。于是，一些老师认为，现在不提倡训练了，要少提训练的事了。其实这是一种误解。《标准》淡化"训练"，尽量回避"训练"一词，并不是反对训练，而是反对繁琐、机械的训练。前些年，人们强调练好语文基本功，强化语文训练，甚至提出"把语文课上成语言文字训练课"的口号。应该说，这对体现语文课程的工具性有着积极的作用。但是，在对"训练"的理解上，教师往往以权威自居，学生往往处于被"训"、被迫"练"的地位，缺乏积极性和主动性，因而也影响训练的效果。由于片面强调"工具性"，这种"训练"被看成孤立的分析和品味，甚至被当成"应试"的工具，被异化为机械重复的"题海战"式的纯技能性练习，语文教学削弱了形象感染和情感熏陶，失去了应有的情趣，也影响了学生对语文学习的兴趣。"工具价值压倒了目的价值，学生可能掌握了'基本知识和基本技能'，可是却失掉了兴趣、激情和灵性。享受的过程变成了被

动接受的过程。得到的东西我们看到了，失去的东西我们并未发觉。得到的东西是大海里的冰山露出水面的一角，失去的是海水下面冰山的主体。"①

《标准》在"教学建议"中明确指出："语文教学要注重语言的积累、感悟和运用，注重基本技能的训练，给学生打下扎实的语文基础。"可见，语文教学不是不要训练，而是要注重训练，注重有利于提高学生语文基本功的科学的训练。

【思考与讨论】

下面这则案例，代表了前几年比较流行的词语训练模式，而它还出自新课程实验班的课堂。请你阅读这个案例，并结合自己的语文教学实践，对语文训练的问题进行反思。

【案例1】

一位老师教学《世界多美呀》(苏教版实验教材一年级下册)一课，有这样一个环节：

通过"蛋壳儿外面的世界是怎样的"这一问题，让学生分别说出天空、树木、小河是怎样的。然后用投影出示"比较句子"的练习：

(1) 他看见天空是蓝湛湛的，树木是绿茵茵的，小河是碧澄澄的。

(2) 他看见天空是蓝的，树木是绿的，小河是碧的。

教师指名让学生回答，学生说不出个所以然，教师再用课件出示对比画面，然后说："老师查过字典，'湛'就是'深'的意思，蓝湛湛就是比蓝更加蓝，绿茵茵就是比绿更加绿，碧澄澄就是比碧更加碧。"说完，再让学生朗读课文原句。

（二）语文知识和语文能力问题

《标准》在"基本理念"中强调指出："不宜刻意追求语文知识的系统性。"这样提是因为，"语文是实践性很强的课程，应着重培养学生的语文实践能力，而培养这种能力的主要途径也应是语文实践"，而不是靠语文知识的堆积。一些老师误解了《标准》的意图，以为以前的语文教学重视"双基"（基础知识和基本技能），现在不需要重视"双基"了。《标准》虽然突出强调了"情感态度和价值观"、"过程和方法"，但仍然把"知识和能力"作为三维目标中的一维，我们绝不能忽视知识的教学和能力的培养。

从知识和能力的关系看，掌握知识是形成能力的基础，没有知识的积累就谈不上能力的发展，这是一个常识。我们现在要注意的是，要多从用知识的角度来学习知识，不能为学知识而学知识，"不宜刻意追求语文知识的系统性"，正是体现了这一精神。同时，不能因为繁琐的知识教学侵占了进行语文实践活动的时间，忽视了语言的

---

① 袁振国.理解文科教育.教育参考，1999.3.

积累和语感的培养，使学生的语文实践能力难以得到提高。

在语文知识的要求和表述方面，《标准》的指导思想是："学习语文知识是为了运用，应该促使知识向能力方面的转化，在义务教育阶段，特别要强调重视培养学生的语感，即语言直觉，而语感只有在大量的阅读中才可能发展，这就是在总目标中提出'形成良好的语感'的初衷。因此，课程阶段目标尽可能将知识要求转化成能力要求来表述。"[①] 比如标点符号，第一学段提"在阅读中，体会句号、问号、感叹号所表达的不同语气"，第二学段提"在理解语句的过程中，体会句号与逗号的不同用法"，第三学段提"在理解课文的过程中，体会顿号与逗号、分号与句号的不同用法"，不像过去教学大纲那样从知识的角度提"认识常用的标点符号"。

对"语文能力"的理解，《标准》也有所发展，凸显了现代社会对语文能力的新要求。"如考虑信息社会特点，加上'初步具备搜集和处理信息的能力'一条；着眼于现代社会人际交往频繁的要求，口语交际方面提出'具有日常口语交际的基本能力'，强调文明交往和合作精神，改变了过去大纲将'听'的能力与'说'的能力分开，且未重在双向交流的表述。为了注重提高学生的思维品质和创造精神这些现代公民的重要素质，特加上'在发展语言能力的同时，发展思维能力，激发想像力和创造潜能'这一条，突破原来只强调听说读写能力的局限。"[②]

（三）过程和方法、情感态度和价值观问题

《标准》系统地提出三个维度的课程目标，并使这三个方面的目标综合地体现在各个阶段目标之中，这被认为是对过去教学大纲的最大发展。但是由于其中的"过程和方法"、"情感态度和价值观"属于隐性目标，不像"知识和能力"那样好把握，因而在教学过程中落实得不够好，甚至被一些老师当做"软任务"而不予重视。这是需要警惕的现象。

要落实好这两个维度的目标，除了在思想上提高认识以外，主要是在实践中探索出落实的途径，并增强这方面的意识。过程和方法、情感态度和价值观的目标不是孤立的，他们就潜藏在知识和技能中，同知识和技能整合在一起。我们要做的就是在知识教学和技能训练的过程中，重视情感态度和价值观的正确导向，关注学生的学习过程和学习方法。

1. 重视情感态度和价值观的正确导向

《标准》在"教学建议"里明确指出："培养学生高尚的道德情操和健康的审美情趣，形成正确的价值观和积极的人生态度，是语文教学的重要内容，不应把它们当做外在的附加任务。"

---

① 语文课程标准研制组 . 全日制义务教育语文课程标准（实验稿）解读 . 武汉：湖北教育出版社，2002.64.
② 语文课程标准研制组 . 全日制义务教育语文课程标准（实验稿）解读 . 武汉：湖北教育出版社，2002.47～48.

需要强调的是，学生对语文的情感态度和教师的教学方法、策略有直接的关系。比如，在孩子刚入学的阶段，我们的教学内容和教学形式是否具有趣味性，是否适合孩子的接受程度，能否吸引住孩子，使孩子产生浓厚的学习兴趣，树立起良好的自信心，并进而形成良好的学习习惯，这对孩子今后学习中的情感、态度都有着深远的影响。我们要让学生从喜欢语文老师，喜欢上语文课开始，喜欢语文，喜欢学习，进而热爱学校，热爱生活，充满自信，享受人生。关于这一点，我们还将在后面结合汉语拼音教学问题进行讨论。

怎样重视情感、态度、价值观的正确导向呢？

(1) 明确"导向"的重点是"高尚的道德情操和健康的审美情趣"。要让学生的认知过程中伴随着情感过程，让学生学会分清真与假、是与非、善与恶、美与丑，做出价值判断，从而作出肯定或否定、喜欢或憎恶等不同的反应，在语文学习过程中逐步形成健康的情感、积极的学习态度和人生态度、正确的价值观。比如，在汉语拼音教学中，教到 j、q、x 和 ü 相拼的规则时，人们常用的一句顺口溜，叫"j、q、x，小淘气，见到鱼眼就挖去"，很形象，也很顺口，可是，这显得多残忍、无情啊。如果把这句顺口溜改为"小 ü 小 ü 有礼貌，见到 j、q、x 就脱帽"，这就体现了良好的情感态度的引导。

(2) 要重视熏陶感染、潜移默化，避免"贴标签"式的"教育"。要善于创设情境，注重学生自主的个性化的体验活动，让学生在参与学习活动中自主感悟、自主判断、自我教育。比如，要在声情并茂的朗读中体会和表现课文中的情感，在具体语言环境中体会人物的高尚品格，领会课文中蕴涵的道理，不要总在理性化的课文分析之后，再加上"学了课文有什么收获"、"懂得了什么道理"、"举出生活中的例子"、"我们现在应该怎么办"等表态式的环节，进行概念化的说教。

(3) 教师要努力提高自身的语文素养。有的老师基本功不过硬，缺乏教学热情，不善于表达情感，教学语言没有美感，加上师生关系不和谐，教学气氛沉闷，学生学习积极性不高，严重地影响着高尚情操和审美情趣的培养。教师一定要提高朗读能力，讲究语言艺术，丰富自己的情感，善于领悟和表现语言的美，能在情感、态度、价值观方面给学生做好示范，通过教学互动、相互感染，激发学生对语文学习的兴趣，丰富学生的情感体验，培养学生的审美情趣，促进学生形成正确的价值观和积极的人生态度。

2. 关注学生的学习过程和学习方法

掌握学习方法，是由"学会"变为"会学"，由"被动学"变为"主动学"的必要条件。学习方法有一般的学习方法，也有语文学科特殊的学习方法，我们关注的主要是后者，比如识字的方法、理解词语的方法、概括文章主要内容的方法、搜集资料的方法等等。学习方法的掌握，也重在实践中揣摩和体验，教师要注意结合学习过程加以引导和总结，但不要作为一种知识来教学。学习方法还有多样性和个性化的特点，应该鼓励学生选择甚至创造适合自己的学习方法。比如词语的意思可以通过查字典，也可以通过结合上下文来理解，教师要经常提醒学生，让学生养成遇到不懂的词语就主动查词典或者结合上下文理解的良好习惯，教师也要做好示范。在这方面，有的实验教科书在编排上已经有了很好的设计，教师要注意充分发挥这些设计的作用。再比如，许多教师安排学生回家搜集资料，往往只关注搜集资料的结果，忽视学生搜集资料的过程，不注意进行搜集资料方法的引导，一些学生（尤其是低年级学生）不知道从何处搜集资料，只好叫家长代劳，这不利于培养学生搜集资料的能力，实际价值就不大了。

语文教学要体现语文课程的实践性特点，让学生在语文实践过程中掌握语文学习方法，发展语文实践能力。

（1）课堂教学中，多给学生听说读写的实践机会，让学生在语文实践中培养语文能力。要重视"让学生更多地直接接触语文材料"，确保学生进行自主性语文实践活动的时间和空间，让学生有时间读书，有时间思考，有机会表达，有机会展示。

（2）通过布置课外学习任务和专门的综合性学习活动等形式，引导学生在课外生活和学习中加强语文实践，充分利用各种语文教育资源，开展自主、开放的语文学习活动。教师要善于将课内学习引向课外，将课外学习引入课内，有计划、有意识地做出安排，做好引导。

（3）课内的"扩展活动"和课外的综合性学习活动都要注意"量"的问题。课内的"扩展活动"要突出"语文"的特点，并控制扩展活动的时间。课外的综合性学习活动要注意控制学生的学习负担。

【案例2】

打开你的"写真集"①

像往常一样，周四下午，五（2）班的习作交流活动如期举行。我们六年级的几位语文老师应邀参加。

"请大家拿出各自的习作档案袋，打开你的'写真集'，小组交流本周每个人的得意之作。"学习委员宣布，"每组推荐一名代表发言，然后请石老师现场点评。准备十分钟。"

全班分成三个小组，小组长带领本组成员交流各自的习作。一时间，课堂上的声音如同麻雀啁啾，五音齐备，嘈杂而热闹，生机勃勃。

十分钟过后，各小组代表闪亮登场，各展风采。

第一小组代表推出《喜欢与不喜欢》——

---

① 孙建锋．新课程标准，我们实践着——关于"师生平等对话"的实践与思考．小学语文教师．2003.1.

"人人都有自己的喜欢与不喜欢。我喜欢央视《实话实说》栏目那个一脸坏笑的主持人崔永元，他在电视上一露脸，我就想喝'可乐'；我不喜欢上班会课，一上班会，我就说，老师，我要上厕所！"

"掌声有请石老师点评！"学习委员兴高采烈地说。

"我喜欢这位同学的率真与坦诚，他说的是真话、实话、心里话。"石老师走过去和他握了握手。

"我们第二小组隆重推出《对称》，"小组长按捺不住激动，"并请郑老师点评！"

"一次，老师让我们用'对称'说一说人体。同学们七嘴八舌说了许多。三年级的我站起来脱口而出：人的屁股是对称的，妈妈的乳房是对称的。同学们哄堂大笑，老师大惊失色。课后，老师找来了我的家长，家长闻知我在课堂上'胡思乱想''胡言乱语'，就和老师齐心协力教育我。时间过去两年了，我一直在想：我究竟错在哪里？"

"孩子，你没错！"年过半百的郑老师动情地说，"千教万教教人说真，千学万学学做真人！"

教室内掌声雷动。

"我们第三小组要和大家共同分享的文章是《真理》"——

十岁的王凯因为爸爸妈妈霸占了电视机，看不上自己喜欢的节目非常懊恼。他问妈妈："为什么两个人的自私比一个人的好？"

"少数服从多数，这是真理！"妈妈说。

"真理往往掌握在少数人的手里。"王凯当仁不让。

"这少数人必须有权力！"爸爸插话了。

"噢，我知道了，将来有一天，我有了权力，也可以命令爸爸妈妈必须看我喜欢的频道！"

"我来谈谈看法！"深受震撼的我，没等主持人发话，便"越位"陈词，"毕加索说，我在十几岁的时候就能画得像达•芬奇一样好，而我花了几十年时间才能画得像孩子一样。所谓'画得像孩子一样'，在我看来，就是像孩子一样的童真。童真是自然的天性，是毫无装饰的美丽。谢谢你们，打开了个人'写真集'，让我重拾童心，让我回归童真，让我分享美丽！"

掌声经久不息……

　　这个案例，从习作教学引导学生说真话、实话、心里话的角度看，无疑是体现了《标准》的精神，同时这本身也是一种情感态度价值观的正确引导。但是，几个学生从习作中表现出来的情感态度价值观的另外一些侧面，却值得探讨。比如，第一位同学对待班会课是什么态度呢？说"对称"的那位同学话是没说错，但是否应该注意口语交际中的说话策略（看场合说话）呢？王凯和他爸爸的话也许有一定的现实根据，但教师这样大加称赞，倡导了一种什么样的价值观呢？（"权力欲"膨胀）这一类的问题如果不注意引导，往往会使学生造成心态上的扭曲，心理上的伤害，甚至养成不正确的价值观和人生态度。

【思考与讨论】

你对上面这个案例中的学生习作和教师的引导怎么看？

（四）基础与创新的问题

语文教学要处理好基本素养和创新能力的关系，既要打好语文基础，又要培养创新能力，既要立足当前，又要着眼发展。

1. 抓好语文基础

所谓"语文基础"，主要指语文的基础知识、基本技能以及基本的学习方法和习惯。我国的语文教学是比较注重语文基础的，尤其是对所谓的"双基"（基础知识和基本技能），一般都比较重视。只是在具体做法上，在抓语文基础的方式和方法上，有值得改进的地方。一些老师抓基础知识和基本技能的方法比较死，主要是死记硬背，大量做题，机械训练。《标准》强调要"注重语言的积累、感悟和运用，注重基本技能的训练"，这里既强调了积累，也强调了感悟和运用，还明确要加强基本技能的训练。

抓语文基础，要注意以下几点：

(1) 重视发挥学生的自主性，调动学生积累、感悟和运用语言的积极性，使学生乐于积累，善于感悟，勤于运用。要引导学生加强课外阅读和日常的动笔，并养成良好的读写习惯。

(2) 要将语言的理解、感悟、积累和运用结合起来，在语言环境中积累，在理解、感悟的基础上积累，在运用中积累。要在阅读教学过程中，结合上下文，结合全文以及课文的背景，加强字词句的理解、感悟、积累和运用，重视优美句、段的理解、感悟和积累。

(3) 要有适量的语文基本练习和作业。要多设计趣味性、创新性、实践性强的练习和作业，多让学生自主发现语言文字的规律，善于总结语文学习的方法，养成良好的语文学习习惯，注重语言的运用，提高练习的效率。

2. 培养创新能力

培养学生的创新能力，是着眼于学生的可持续发展提出来的创新能力的培养，对于学生的终身学习和发展，对于提高我们的民族素质和综合国力，都有着重要的意义。教学中，要注意以下几点：

(1) 要采用自主、合作、探究的学习方式。自主是创造的基础，如果学生总是习惯于听从安排，总是被动地完成老师交给的学习任务，是谈不上创新的。在合作学习中，通过思维碰撞，互相启发，学生的创造性往往能够得到有效激活。而探究性学习更有利于提高学生分析问题和解决问题的能力，有利于培养学生的探究精神，有利于学生体验发现的快乐，激发起创造热情。

(2) 要营造民主、自由、宽松的学习气氛，创设发挥学生创造潜能的空间和环境，提供实践和展示的舞台，使学生充满信心，乐于参与，敢于竞争，善于合作，富有创新意识。

(3) 打好创新的基础，学习创新的方法。切忌忽视基础，盲目发散，无限扩展，空谈创新。要善于在同中求异，旧中求新，常中求变，实中求活。

(4) 要将语言教学与思维训练有机结合起来。要在语言教学中培养学生求异、求新的思维习惯，也要培养学生求真、求佳的思维习惯。要培养学生的质疑能力，也要培养学生的解疑能力。要将思考和表达结合来，使学生善于思考，也善于表达，语言能力和思维能力同步发展。

（五）发现学习与接受学习的问题

倡导自主、合作、探究的学习方式，有利于激活学生的积极性和创造性，使其成为知识的发现者和研究者，学会学习，学会求知。需要指出的是，接受学习仍是人们获取知识、获得发展的重要学习方式。新课程针对过去教学中过于注重接受学习的倾向，强调自主、合作、探究的学习方式，这有着非常重要的现实意义。但是，强调自主、合作、探究的学习方式，强调体验性学习和发现学习，并不意味着拒绝和排斥接受学习。接受学习与机械学习并非同义语，只要所讲解的知识与学生已有的认知结构建立起实质性的和非人为的联系，学生就完全可以进行意义学习。而发现学习如果流于形式，不能与学生的认知结构结合起来，同样可能导致机械学习。所以，不能把接受学习与机械学习等同起来，自主、合作、探究的学习方式要与有意义的接受学习紧密结合，相辅相成。

一些老师片面地理解新课程转变学习方式的要求，该讲的时候不敢讲了，该问的时候不敢问了，该示范的时候也不敢示范了。其实，在新课程的教学中，语文教师不但要讲，而且要讲好，或提供背景知识，或点拨语言规律，或交流学习收获，或激情熏陶，不一而足。教师精彩的讲解，恰到好处的点拨，充满智慧的提示，令人佩服的示范，对于学生心灵的震撼、学习方法的启迪、求知途径的引导、思想方法的顿悟，都有着重要的意义。

一些老师对发现学习的理解，也存在误区。他们认为学生的认知水平、学习能力、探究能力有限，学生花了很多时间去探究，也难有什么发现，还耽误教学时间，影响教学任务的完成，还不如在有限的教学时间里，教师多讲点，学生多获得一些知识。在他们看来，前人花了大量时间和精力探究出来的知识，学生接受就可以了，不必再重复走前人走过的路。这种观点有一定的合理性，学生在学校里学习的主要是间接经验，从某种意义上讲，接受学习可以提高掌握知识的效率，事实上，也没有必要完全重复走前人走过的路。但是，我们应该全面地认识教学的任务，对探究、发现的意义有充分的认识。教学不光是让学生掌握知识，培养学生探究、发现的意识和能力，让学生体验求知的过程，掌握求知的方法，这本身就是教学任务的一个方面，而且可以说是更重要的一个方面。从教学效率上讲，在学生还没有较强的主动探究意识的时候，在学生还不大会探究的时候，进行探究发现式教学确实容易给人一种浪费时间的印象；但是，如果越过了这个阶段，当学生学会了探究，形成了主动学习的意识，掌握了学习方法之后，其学习效率将会大大提高。到那时，我们就不会再担心完不成教学任务的问题了。

（六）语文课程的开放性问题

《标准》把"努力建设开放而有活力的语文课程"作为语文课程的基本理念之一，强调拓宽语文学习的领域，注重课内外的结合、跨学科学习和现代科技手段的运用，使学生在不同内容和方法的相互交叉、渗透、整合中开阔视野，提高学习效率。这既体现了课程综合化的趋势，也体现了语文课程实践性强的特点，体现了语文课程与生活的密切联系。

　　语文课程的开放性既体现在学习内容和途径上，也体现在学习目标、方式和方法上。

　　新课程实验教材按照《标准》的要求，内容具有开放性和弹性。比如，教材规定了识字量，但同时又引导学生在生活中主动认字，鼓励学有余力的学生多认字；教材中的选读课文不作统一要求，教师在教学中可以灵活处理，鼓励学生独立阅读；课后练习从尊重学生的个体差异出发，有些题目不作统一要求，如，"背诵自己喜欢的部分"，"上面的词语，会写的我都写一写"；展示台鼓励学生随时展示自己的学习成果，目的在于使所有学生在已有基础上都能得到提高与发展。

　　开放的语文课程应尽可能满足不同地区、不同学校、不同学生的需求，并能够根据社会的需要不断自我调节、更新发展。比如，我国中小学生大部分在农村，语文课程应该充分考虑农村地区的教学条件、课程资源和学生的特点。

　　语文新课程强调学科间的沟通，但要注意学科关联性和语文学科个性的关系问题。语文学科教学要主动接纳来自各个学科的内容和方法，但应从提高学生的语文素养出发，以语文因素作为联系的线索，使跨学科的综合性学习仍然体现着语文的特点。

　　家庭语文教育问题也应该纳入语文课程改革的视野。要加强家校联系和沟通，研究家庭语文教育方法。

　　从家庭方面说，家长应该注意几点：第一，要处理好和孩子的关系。家长对孩子应该尊重但不放纵，关爱但不溺爱。家长要和孩子平等相处，多听听孩子的意见，多鼓励孩子，不要经常在气急的情况下说些结论性的话。同时，家长也应有自己的权威性，该批评教育的时候一定要批评教育。第二，给孩子提供在家学习语文的各种条件，比如多买一些故事磁带或光碟给孩子听，多给孩子一些与人交往的机会，培养孩子的口语交际能力，带着孩子去书店适当买一些课外读物，等等。第三，培养孩子学习和生活的良好习惯，比如控制看电视、上网、玩电脑游戏的时间，注意读写的姿势，独立完成作业，等等。第四，处理好放与扶的关系。不要形成陪读的习惯，要让孩子学会自主学习，不要有太强的依赖性。但家长也要适当陪读，在陪着孩子学习的过程中，了解孩子的学习情况，发现孩子学习中的方法和习惯问题，及时引导孩子对自己的学习过程进行反思；在和孩子交流、对话的过程中，引导孩子对所学知识进行复习巩固，并灵活运用；在和孩子互动过程中，及时利用孩子在学校所学的内容对孩子进行情感态度价值观的引导。第五，家长要在文明礼貌、看书学习和口语交际等方面给孩子做出表率，起到示范带动作用，增强自己的说服力。家长平时粗话连篇，不爱看书，沉迷于电视剧，必然会给孩子潜移默化的不良影响。家长还应该多和孩子聊聊天，在和孩子交谈的过程中发展孩子的语言，了解孩子的心理状况和学习情况。

　　从学校方面说，教师应该在家庭语文教育方法和策略方面给家长以引导和指导，应该主动与家长联系和沟通，最好还能和家长一起为孩子制定有针对性的学习计划。

第二节   新课程倡导的学生观和教学观

语文教学的新理念体现在许多方面，我们认为，小学语文教师应该重点把握住新课程倡导的学生观和教学观。

一   学生是什么

（一）基础教育课程改革的核心理念是关注学生的发展

综观本次基础教育课程改革，我们发现其中一个核心的理念，就是对学生的关注，对学生发展的关注。

（1）新课程的培养目标，定位在学生的全面、和谐、整体发展上。既重视智力的发展，又重视健全的人格、健壮的体魄、良好的心理素质、健康的审美情趣和生活方式；既重视基础知识和基本技能，又突出创新精神、实践能力、科学和人文素养；既强调继承和发扬中华民族的优秀传统和革命传统，又突出民主法制意识、社会责任意识、环境意识等现代意识；既重视学生各方面的和谐发展，又重视个体、自然与社会的和谐发展。

（2）在教育教学过程中，新课程把学生放到和教师平等的地位上，提倡师生交往、积极互动、共同发展，强调教师要尊重学生的人格，相信学生的潜力，强调学生的自信心和成功体验，强调激发、调动学生的学习兴趣和积极主动性。

（3）新课程在课程内容上，强调与学生生活以及现代社会和科技发展的联系，关注学生的学习兴趣和经验。

（4）在教学策略上，强调尊重学生的个体差异，提倡以学定教，并把转变学生的学习方式作为基本的改革目标和实现其他目标的主要手段，强调学生的主动学习和自主发展。

（5）在课程评价上，强调发挥评价的激励、反馈、调节功能，把评价过程和学生学习过程结合起来，努力建立促进学生全面发展的评价体系，促进每一位学生在原有水平上的发展。

事实上，现代教学论中的许多观点、教学模式、教学方法、教学策略，比如多元智慧、差异教学、以学论教、活动教学、自主学习、探究学习、建构主义等等，都是基于对学生的关注，对学生主体地位、发展需要、个别差异等方面的关注和尊重而提出来的。这是我们把握各种教学理论的一个关键。我们在课程改革、教学改革和教学研究过程中，一定要多研究学生，研究学生的需要，研究学生的差异，研究如何激发和调动学生的积极性、主动性和创造性。我们要经常问问自己：学生是什么？

（二）新课程倡导的学生观

新课程倡导的是什么样的学生观呢？简单地说，就是：学生是人，是独特的人，是发展的人。

说"学生是人",这似乎是开玩笑似的废话。但事实上,我们在教育教学过程中,有时候就是没把学生当"人"来对待。在应试教育的模式下,学生成了做题的"机器";在抹杀个性的教育方式下,学生成了一个模子里铸出来的"玩偶";在体罚、呵斥、羞辱、冷嘲热讽的"教育"方式下,学生失去了"人"的尊严;在教师主宰一切的课堂里,学生失去了"人"的自主权、参与权、"话语权"。

说"学生是独特的人",这其实是一句老话。尊重学生的个体差异,注意因材施教,这是教师们熟知的教学原则。学生的差异,表现在智力因素方面,也表现在非智力因素方面;表现在发展的方面不同,也表现在发展的早晚不同。问题是,我们如何面对这些差异,采取什么样的教学策略。教学中,有的教师无视学生的差异,有的教师则不知道如何针对学生的差异进行教学。

"学生是发展的人",这也是不争的事实。"传统教育中对中小学学生的看法,强调的是他们缺乏知识、能力和经验的一面,即主要看到的是学生的现在状态,而不是他的潜在状态、内在的积极性和发展的可能性;传统观念把学生发展的过程,主要看作是把人类已有的文化传递给学生的过程,忽视了学生作为学习主体的作用。新的学生观把学生看做虽有不足和幼稚,但却是具有旺盛的生命力、具有多方面发展需要和发展可能的人;具有主观能动性,有可能积极参与教育活动的人;把他们看做是学习活动中不可替代的主体。"①但也有一些问题是值得我们深入思考的。比如,学生的发展是需要我们通过教育来促进的,我们促进的也应该是学生的"正发展",但有没有"负发展"的情况呢?也许有的学生没有说谎的习惯,但在教师的"高压"态势下,他学会了说谎;也许有的学生本来很喜欢读书,可是在我们不恰当的教育方式下,他变得讨厌读书了;也许有的学生本来心态很正常,通过我们的教育变得心态扭曲了。这种情况在现实中应该是存在的,需要引起我们的注意。又如,我们常说"以学生发展为本",究竟以学生的什么发展为本呢?一般说是"全面发展",也有的说是"主动发展",还有的说是"整体发展"、"和谐发展",或许这些都是我们应该关注的。再比如,我们能否真正以发展的眼光来看待学生,特别是在对学生的评价方面,在对学生的期望方面,能否对学生充满信心?对发展中的学生,出现一些不尽人意的情况,不应轻易给学生下结论,如果总是对学生说"你真笨","你怎么这么不听话呀","你怎么这么不爱学习呀","你的表现真是太差了"这样的话,学生就会给自己一些心理暗示,就会形成类似的概念,丧失对自己的信心。有的老师对学生"急于求成";有的老师对学生"恨铁不成钢";有的老师认为个别"调皮捣蛋"的学生完全是"病入膏肓"、"无可救药",对他们真是"忍无可忍";有的老师认为个别学生的脑袋是"木瓜脑袋",完全是"朽木不可雕"。类似的情况,对教师的耐心、信心、脾气、心态都是一种考

---

① 叶澜.新世纪教师专业素养初探.教育研究与实验.1998(1).

验。如果这个时候，还能冷静地用发展的眼光来对待学生，那就可以说真正树立起了发展的学生观。

（三）在教学中如何落实对学生的关注

关注人是新课程的核心理念（即"一切为了每一位学生的发展"）在教学中的具体体现。它意味着关注每一位学生，关注学生的情绪生活和情感体验，关注学生的道德生活和人格养成。[①] 以心理健康教育为例，其实语文教学也担负着心理健康教育的任务，应该在教学过程中注意引导。比如，教师提问以后，全班同学都举手了，教师指名叫某一位同学发言，其他同学往往会表现出很不高兴的情绪，如果连续几次不叫他，他还可能发脾气。教师应该引导学生养成一种积极而平和的心态，正确认识自己，处理好自己和他人的关系，这对他们一生的健康成长都有着重要的意义。

对学生的关注，要落实到教育教学的各个环节。

教学设计要从学生学的角度出发，"为学习设计教学"。课前备课时注意多了解学生的"学情"。要根据"掌握学习"、"分层教学"、"多元智能教学"的理念，设计适合不同类型学生的问题与任务，设计适合不同风格学生的学习方式，设计适合不同程度学生的弹性作业（如基础知识题、思维训练题、综合运用题），等等。

课堂教学中要注意从学生的提问、答问、讨论、读书、表情等反馈信息中，抓住教学契机，选择、调整教学内容，采取相应的教学策略。有的学生总是难以集中注意力，有的学生总是"慢半拍"，对这样的学生老师要记在心上，放在眼里，随时提醒，避免他们掉队。有的学生刚入学时写字很慢，要分析他们是注意力不集中造成的，还是年龄偏小、手部肌肉发育不成熟引起的，对他们要区别对待，不能急于求成。

在教育策略上，对于所谓的"学困生"或者"调皮学生"，需要我们用真诚的爱心、无限的耐心和巧妙的教育艺术去对待。对于"屡教不改"的孩子，批评教育的手段不能"升级"太快，一开始一定要留有余地，不要把话说死，把手段用绝，如果动不动就当众严厉批评、"请家长"甚至体罚，很快就将"黔驴技穷"、"忍无可忍"、"难以收拾"，正像有的老师说的那样，"想尽了一切办法，还是没办法"。

在教学过程中关注学生，需要我们设身处地地为每一位学生着想。比如，老师让学生写命题作文《我的爸爸》，可是，也许有的孩子爸爸已经去世了，或者已经离开他们了（父母离婚），写这样的作文，可能会触及他们心灵的痛处，他们也许有很多话可以写，但是不愿写。如果逼着他们写这样的作文，是不恰当的。北师大版实验教材选入了《妈妈的爱》（二年级下册）这首诗，教师教学用书作了这样的提示："少数学生没有了妈妈，也有极个别的妈妈不爱孩子。对这部分孩子，老师要特别给予关爱，与他们单独交谈，谈阅读

---

① 朱慕菊.走进新课程：与课程实施者对话.北京：北京师范大学出版社，2002.119.

的体会，让他们体会到老师的爱和课文中妈妈的爱是一样的。这一工作做得好，对这部分孩子的成长将产生巨大的影响。"这就表现出了对每一位孩子的关注。

在教学过程中关注学生，还体现在一些细节问题上。比如，教师在黑板上示范写字的时候，有的教师没注意到自己的身体挡住了所写的字，学生看不到教师写字的过程，削弱了示范的作用。又比如，有的教师上课时，没注意到讲台上的电脑或者其他东西挡住了部分学生看板书的视线。再如，有的教师上课时，目光往往集中在教室的中部，往往忽略教室后部和前部的左右两角。从关注学生，关注全体学生的角度来看，这些都是需要注意克服的。

【思考与讨论】

许多老师反映，实施新课程后，学生的两极分化更严重了。请你对这个问题进行思考，有条件的还可做一些调查。思考时，最好提出更具体的问题，从不同角度进行分析。比如：

两极分化表现在哪些方面？（识字量；阅读能力；阅读量；学习习惯……）

实施新课程前后学生的两极分化有什么不同特点？（程度；方面……）

两极分化是怎么造成的？或者说两极分化与哪些因素有关？（新课程；新教材；教师教学；家庭教育……）

就教师教学来说，哪些因素可能导致两极分化？（不注意关注特殊学生；没有时间进行个别辅导；过多采用竞争、展示的教学方式……）

就家庭教育来说，哪些因素可能导致两极分化？（家长没时间管、不愿意管或不会管孩子的学习；孩子没有从小养成良好的行为习惯……）

……

二　教学是什么

教学是什么的问题，教学理论界有着许多的争论，有研究者曾对这些争论做过归纳总结。从"教学"概念语词含义上看，有的在"教"的意义上使用，有的在"学"的意义上使用，有的在"教"与"学"协同活动的意义上使用，有的在"教学生学"的意义上使用。从"教学"概念的逻辑归属上看，有的归属于"教育活动"，有的归属于"认识活动"，有的归属于"实践活动"，有的归属于"交往活动"。从教学的本质来看，有"认识说"、"发展说"、"层次类型说"、"传递说"、"学习说"、"统一说"、"实践说"、"认识—实践说"、"交往说"和"价值增殖说"等十大类观点。[①]

对于教学本质的各种争论，我们不打算做详细的介绍。我们要关注的是，传统教学过程观的特点是什么，新课程倡导的教学过程观是什么。作为参加课改实验的老师，这是必

---

① 李定仁，徐继存．教学论研究二十年．北京：人民教育出版社，2001.51～76.

须明确的问题。

（一）传统教学过程观和新课程倡导的教学过程观

在近几年的教学论研究中，人们对传统教学过程观进行了许多反思。特别是对前苏联凯洛夫的教学理论和实践形态，尤其是对他的"三中心论"（教师、教科书、课堂）、"五环节说"（备、复、教、巩、布）和"九大教学方法"（以讲授法为核心）进行了深刻的反思，认为："它之所以在实践中能长期存活的一个重要原因是操作性强，以教师为中心。其后果之一也正是强化了教师在课堂中的中心角色和简单的操作需要，封杀了教师在理论和创造意义上探索教学工作的需求。"①

《基础教育课程改革纲要（试行）》指出："教师在教学过程中应与学生积极互动、共同发展。"《〈基础教育课程改革纲要（试行）〉解读》更是明确指出："教学过程是师生交往、积极互动、共同发展的过程。"②这就是新课程倡导的交往的教学过程观。《标准》"教学建议"的第一条就是"充分发挥师生双方在教学中的主动性和创造性"，还指出"语文教学应在师生平等对话的过程中进行"。这也体现了交往的教学过程观。

什么是交往？什么是教学交往？"所谓交往，就是共在的主体之间的相互作用、相互交流、相互沟通、相互理解，这是人基本的存在方式。"教学中的交往，"是师生之间或是生生之间为了协调、沟通、达成共识、联合力量去达成一个目的而进行的相互作用。"③

"交往的基本属性是互动性和互惠性，交往论强调师生间、学生间动态的信息交流、通过信息交流实现师生互动，相互沟通，相互影响，相互补充，从而达成共识、共享、共进。""对教学而言，交往意味着对话，意味着参与，意味着相互建构，它不仅是一种教学活动方式，更是弥漫、充盈于师生之间的一种教育情境和精神氛围。对学生而言，交往意味着心态的开放，主体性的凸现，个性的张扬，创造性的解放。对教师而言，交往意味着上课不是传授知识、而是一起分享理解；上课不是无谓的牺牲和时光的耗费，而是生命活动、专业成长和自我实现的过程。"④

从课程与教学的关系来看，教学不只是课程传递和执行的过程，更是课程创生与开发的过程。这也是新课程倡导的教学观。

（二）在教学中如何体现交往的教学过程观

按照交往的教学过程观设计教学，关键是如何设计和展开课堂互动的问题。在近些年

---

① 叶澜.重建课堂教学过程观——"新基础教育"课堂教学改革的理论与实践探究之二.教育研究.2002.(10)

② 钟启泉等.为了中华民族的复兴，为了每位学生的发展——基础教育课程改革纲要（试行）解读.上海：华东师范大学出版社，2001.272.

③ 肖川.论教学与交往.教育研究.1999（2）

④ 钟启泉等.为了中华民族的复兴，为了每位学生的发展——基础教育课程改革纲要（试行）解读.上海：华东师范大学出版社，2001.273.

的小学课堂教学中，教师问学生答，教师安排学生照办的方式，仍然是主要的学习方式，学生处于被动听讲（以前主要是教师讲，现在主要是其他学生讲）、听问、听安排的位置。其交往方式主要是教师与全班、教师与学生个体的单向交往，教师与小组、学生个体与个体、群体与个体、群体与群体的多向交往严重缺乏。有专家把把这种固定化的问答式教学形容为"问答仪式"："教师接连地提问，学生习惯性地举手，教师指名，学生短促地回答，教师补充讲解，下一个提问的设定……这种仪式是典型的一问一答式的教学。"①要处理好师生关系、教与学的关系，转变教师教和学生学的方式。教师有着多方面的职责：尊重学生的人格；相信学生的潜力；了解学生的学情；激活学生的兴趣；调动学生的互动；管理学生的行为；关注学生的差异；促进学生的发展。在师生关系上，要辩证地处理好学生自主和教师指导的关系，教师对学生尊重信任和严格要求的关系，教师的权威性和亲和力的关系，表扬与批评的关系。教师的表情、态度应该亲切而自然，举手、投足应该大方、得体，而严肃有余、亲切过头、活跃过度等都不足取。师生关系的定位应该是：教师对学生，尊重但不放纵，放手但不撒手；学生对教师，听从但不盲从，活跃但不放肆。

在交往、对话型教学中，教师的角色发生了根本性的转变，教师不再是知识的拥有者和教学过程的主宰者，学生也不再是知识的容器和被教师牵着鼻子走的唯命是从的"听话"的孩子，教师和学生是平等的合作者，是学习伙伴。《标准》指出："学生是语文学习的主人。"是主人，就拥有语文学习的自主权，可以自己选择学习内容、学习方式和学习伙伴。学生只有做学习的主人，才会把学习当成"自己"的事，而不是完成老师和家长布置的任务。

教师要自觉地进行角色转换。"教师的权威将不再建立于学生的被动与无知的基础上，而是建立在教师借助学生的积极参与以促进其充分发展的能力之上。这样，教师的作用就不会混同于一部百科全书或一个供学生利用的资料库。一个有创造性的教师应能帮助学生在自学的道路上迅速前进，教会学生怎样对付大量的信息，他更多的是一名向导和顾问，而不是机械传递知识的简单工具。"②"教师的职责现在已经越来越少地传递知识，而越来越多地激励思考；除了他的正式职能以外，他将越来越成为一位顾问，一位交换意见的参加者，一位帮助发现矛盾点而不是拿出现成真理的人。他必须集中更多的时间和精力去从事那些有效果的和有创造性的活动：互相影响、讨论、激励、了解、鼓舞。"③

在教学过程中，处理好师生关系并不是一件容易的事。怎样"充分发挥师生双方在教学中的主动性和创造性"，怎样有效地进行师生互动，这是需要教师努力探索的问题。以下几点值得注意：

① 钟启泉等.为了中华民族的复兴，为了每位学生的发展——基础教育理论改革纲要（试行）解读.上海：华东师范大学出版社，2001.217.
② 联合国教科文.从现在到2000年教育发展的全球展望.北京：教育科学出版社，1996.106.
③ 联合国教科文.学会生存.北京：教育科学出版社，1996.108.

（1）教师要从心底里尊重和信任学生，给学生创造自主学习的时间、空间和情境，敢于放手，善于组织，并相机进行启发、示范、指导。

（2）关注学生的个体差异，关注学生学习的起点，并从学生学的角度出发进行教学设计。教学设计要以学生的学为基本线索，并将教师的活动和学生的活动交织在一起。

（3）要将独立学习、小组合作学习和全班交流结合起来，同一种形式的学习活动时间不宜太长。

（4）教学过程是一个动态生成的过程，教师要把握住教学的基本环节，使教学沿着一定的思路和线索进行，也要善于审时度势，随机应变，和学生一起灵活地推进教学过程。在教学互动中，有时学生为主，有时教师为主；有时学生做主，有时教师做主；有时学生主动，有时教师更主动，一切视教学需要而定。

【案例3】

一位教师上《纸船和风筝》（人教版新课程实验教材二年级上册）一课，在引导学生初步认识生字并让学生自由读课文后，用投影出示课文中包含生字较多的5个句子，用"我会读"的图标，引导学生自主选择读句子，目的是在语言环境中巩固识字，检查识字情况和读通课文的情况。第一个学生说："我会读第一句。"第二个学生说："我会读第二句。"第三个学生说："我会读第三句。"可是，接下来的学生仍然选择读读前三句话，第四、五两句话没有人选。好不容易有一个学生选择读了第四句，可是第五句话还没有人选择读。直到最后，教师才说："最后一句话有没有谁会读？"其实，这个环节的主要目的是巩固识字和检查学生读通课文的情况，教师就应该注意及时引导学生选择读每一句话，如果教师在发现学生重复选择时，就及时引导说"后面两句话有没有谁会读"，就不会出现一句话学生已经会读了，还让他们自由选择反复读的情况，不至于浪费教学时间。如果有的句子学生读起来问题比较多，就需要学生反复读，而且要有意识地指名让学生反复读，而不是每个句子读一遍了事。可见学生的自由选择和教师的引导必须结合起来。

思考与练习

1. 熟记《标准》关于语文课程性质的表述，以及语文课程的四条基本理念。

2. 举出一个在教学过程中较好地体现了"三维目标"整合的案例，再举出一个在教学过程中没有注意"三维目标"整合的案例。

3. 举例说明在教育教学过程中应该怎样做到充分关注学生。

4. 结合教学实例，说说在课堂教学中应该怎样既充分发挥学生的主动性和创造性，又充分发挥教师的主动性和创造性。

第三章　小学语文新课程教学设计与实施

　　我们在第一章里已经谈到教学设计能力和课堂操作能力对于语文教师和语文教学的重要性。教学设计是由教学理论向教学实践转化的重要环节。提高教学设计水平的关键是掌握新的教学设计策略。在课堂教学实施方面，教师要在师生交往、互动的层面上重视课堂教学实施策略，领悟课堂教学艺术。在这一章里，我们将按照新课程的理念，从整体上讨论小学语文新课程教学设计与实施的方法、策略问题。

本章有什么

本章主要讨论以下问题：
- 如何按照新的教材观理解和运用小学语文新课程实验教材
- 为什么要进行师生合作备课
- 如何确定教学目标和教学内容
- 如何选择教学方法，运用教学媒体，组织教学环节
- 如何科学设计和布置作业
- 编写教案要注意什么
- 实施小学语文课堂教学有哪些新策略

学习目标

学习本章，希望你在以下几个方面有所收获：
- 树立新课程倡导的教材观，掌握理解和运用新教材的策略
- 理解师生合作备课的意义和实施方法
- 明确教学设计的基本程序，知道如何按照新课程的理念创造性地进行教学设计
- 了解小学语文课堂教学的实施策略（教师角色转换的策略、动态生成的策略、教学交往的策略、课堂管理的策略），知道如何在教学过程中不断提高自己的课堂操作水平

第一节　小学语文新课程实验教材的学习与运用

一 新课程倡导的教材观

新课程对教师来说，最直接的表现莫过于摆在他们面前的新教材了。一些老师因此产生了一种错觉，似乎课程改革就是教材改革。这是要避免的认识误区。课程改革首先要改的是教师的观念（包括课程观、教学观、学生观、质量观等等），核心是改革教师的教学方式和学生的学习方式，相应的还要改革教学管理制度等等。课程内容改革（含教材改革）只是其中的一个方面。

一次，一所小学举行"课改论坛"活动，其中有一位发言者是刚从国外学习、考查回来的语文教师。她在发言中带着极其崇拜的口吻介绍了有的国家教材使用如何开放，没有统一的教科书，教师可以随意选择和决定教学内容，然后对我国学校使用统编教材的情况进行了讽刺性的批判，全体教师立即报以热烈的掌声。

在一些教师还在过分忠实地"死啃"教材，一些教师在努力地"吃透"教材，一些教师在艺术地"驾驭"教材，一些教师在"超越"教材的时候，一些教师已经在"轻视"教材了。

新课程理念下的教师应该怎样看待教材呢？

（一）从教材与教科书的关系看，提倡广义的教材观

平常我们所说的教材，往往专指教科书。本书中所称的"教材"，有时就是专指教科书。这是对教材的狭义理解。按照广义的理解，教材是教学用的材料，包括教科书（课本），但不仅仅是教科书。除了教科书教材，还有图书教材、视听教材、现实教材、电子教材等。

（二）从教材内容和教学内容的关系看，提倡"用教材教"，而不是"教教材"

语文课程内容、语文教材内容和语文教学内容三个概念之间有密切的联系，也有着明确的区别。语文课程内容指为了达到语文课程目标而选择的事实、概念、原理、技能、策略、态度、价值观等要素。语文教材内容是指为了有效地反映、传递课程内容诸要素而组织的文字与非文字材料及所传递的信息。语文教学内容，从教的方面说，指教师在教的实践中呈现的种种材料及所传递的信息，它既包括在教学中对现成教材内容的沿用，也包括

教师对教材内容的"重构"——处理、加工、改编乃至增删、更换。①

"教学内容是在教学过程中创造的。"②教材（教材内容）是教学内容的一个成分，但不是全部。同教学过程的客观结构相适应的"教学内容"，包括：

（1）对于学生的引导与激发作用。

（2）同计划（即课程内容）相应的素材内容（包括教材内容）。

（3）不属于学科教材内容的掌握过程最优化的一般方法论建议、指导或指引。

（4）教师的教育性价值判断与学生集体成员的接受或批判性指示。

（5）与上述因素相应，教师的指导作用与学生的规范行为。③

在教材、教师和学生的关系上，曾有过几种形象的说法：教师带着教材走向学生；教师带着学生走向教材；学生带着教材走向教师。这实际上反映了几种不同的教学思想和教学模式。按照新课程的教学观和教材观，最好表述为"学生、教师和教材的平等对话"。教师不是被动地传达教材、执行教材、宣讲教材，而是根据教学需要灵活地运用教材，同时重视开发教材以外的课程资源。

（三）从教材与教学的关系看，提倡把教材作为教学的基本凭借

从教师参与课程开发、教学内容创造生成等理念出发，新课程反对把教材当成"圣经"，反对教师习惯于做教材的"奴隶"。但同时，也不能因此而轻视教材的作用。应该看到，教材是最基本的课程资源和教学资源，教科书是最重要的教材，教材仍然是教学的基本凭借。

正如前面所提到的那样，一些老师出现了轻视教材作用的苗头。我们在实践中也发现，一些公开课，上课时间过了一半，学生还没有打开教科书。有的一年级老师上公开课，为了便于组织教学，根本就不叫学生带教科书去电教室。有的老师则把教材内容尽量搬上屏幕，基本不叫学生阅读教科书。有的老师把教科书上的插图扫描后投到电视屏幕上，学生根本看不清楚，还不如直接看教科书上的插图。这些现象，是值得我们注意的。

（四）从教材扮演的角色看，提倡"教本"与"学本"的统一

在传统教学观影响下，过去人们一直把教材当成"教本"。近几年，在新的教学观影响下，人们提出把教材编成"学本"或者主要是"学本"。按照师生交往的教学观，教学过程是师生交往、互动的过程，是教师、学生和文本对话的过程，因此，我们认为，教材应该既是教师的"教本"，又是学生的"学本"，是"教本"和"学本"的统一。当然，编

① 王荣生．语文科课程论基础．上海：上海教育出版社，2003.300~301.

② 钟启泉等．为了中华民族的复兴，为了每位学生的发展——基础教育课程改革纲要（试行）解读．上海：华东师范大学出版社，2001.212.

③ 转引自王荣生．语文科课程论基础．上海：上海教育出版社，2003.300~301.

写时可从"学本"的角度编。但从教材的功能上说,教材应该既方便教师的教,又方便学生的学,既有导教功能,又有导学功能,有利于师生互动。教材既要有利于激发学生的学习兴趣,又要有利于激发教师的教学冲动。教材既是学生学习的资源,又是学生学习的工具。教材内容和编排体例、呈现方式应充分考虑学生的年龄特征、知识经验和认知水平,应图文并茂,生动活泼,尤其是小学阶段。教材既要呈现一些知识,又要引导学生探究发现,主动建构知识。教材既要适合不同风格学生的学习,又要适合不同风格教师的教学,具有选择性。如果教师用掌握学习的模式设计教学,就希望教材有诊断、评价的设计;如果教师用发现学习的模式设计教学,就希望教材有问题情境的设计。教材还应适合不同地区、不同学生的水平,具有适应性和弹性,给教师和学生留有较大的选择余地和创造空间。

二　对小学语文新课程实验教材的理解和运用

教师阅读、理解新课程实验教材,要注意以下几个结合:

(一)　自主阅读和利用教参结合

对教材的理解和运用,都是创造性的活动。从阅读的角度说,教师阅读一本教材,也有一个主动建构意义的过程。不管是对整套教材的阅读,还是具体到每一篇课文的阅读,教师都要通过"自己"的读,获得"自己"的看法和体验。但是,不同教师进行这种主动建构的意识和能力是有差异的,参考教材编者对教材的种种"解说",也有必要。我们建议教师拿到一本教材后,先独立地创造性地解读教材,再阅读教师用书和其他有关的介绍、说明。阅读教师教学用书开头的有关"说明",对弄清楚教材编写的指导思想和教材的结构、特点、编写意图是有好处的。

(二)　整体把握和细节分析结合

教师自己在阅读教材的时候,应该首先从整体上阅读和把握教材,注意弄清楚各年级、各册教材的总体系,注意教材的阶段性和连续性特点。比如,二年级下册,处在低年级向中年级过渡的位置,起着承上启下的作用,新课程实验教材在编写时充分考虑了低中年级教材的衔接与过渡。比如,教材按照《标准》第一学段目标中"学习默读"的要求,安排了默读的练习,为第二学段"初步学会默读"做好准备。三年级上册是第二学段的开始,如果不注意与第一学段的衔接与过渡,很容易使学生在语文学习上形成较大的落差,影响学生的学习兴趣和信心。教材在习作的内容、形式和要求上,充分考虑了这一点,尽量放宽要求,减缓坡度,让学生觉得很容易写,树立习作的信心。教师在教学中,也要领会教材编写的这一意图,采取相应的教学策略。在阅读某一册教材时,也要注意通读全册教材,注意单元内部、单元之间的前后联系,注意教学内容和要求的变化。尤其是以专题组织单元的教材，更要注意领会教材是怎样围绕专题整合各种教学内容的。具体到研究某一课的生字时，也要注意这一课的生字和以前学过的字有什么联系，可以怎样利用熟字来学习生字。

（三）理解教材和运用教材结合

教师在阅读教材的时候，要一边理解教材的编写意图，一边考虑它可以做什么用；然后想想在这一课的教学中，希望体现出什么样的教学理念，希望达到怎样的教学目标，可以利用教材中的什么内容作为凭借。从用教材的角度来阅读教材，往往会获得独特的理解，也有利于教师区分"教材内容"和"教学内容"，有利于改变"教教材"的习惯，养成"用教材教"的习惯。教材中的许多内容仅仅属于提示性质，教师要善于从教材的提示中受到启发，创造性地开发教学资源，设计教学内容。比如，新课程实验教材中有一些引导学生在生活中识字的练习，比如认姓氏字、认标牌上的字、认商标上的字等等。有的老师领会了教材的意图，不拘泥于教材的内容，也不拘泥于教学的进度，创造性地运用教材。比如，一开学，教师就把全班同学的姓名做成一朵一朵的小花，贴在教室的学习园地里，让全班同学认，既解决了同学互不认识的问题，也认识了不少的汉字。有的教师还系统地设计了商标系列、商品包装系列、标牌系列、电视系列、书报系列等多种识字途径，有计划地引导学生在生活中识字。

这里，我们再以多元解读教材（主要是课文）为例，做个提示。

过去，我们对教材的解读往往强调抓住中心思想，尤其偏重于"伟大"、"崇高"之类的思想，忽视文章的多元价值。比如一位教师上《猎人海力布》，设计了一张表格，里面列出"人物——海力布，优秀品质——舍己为人"，然后留下空格让学生填"先进事迹"。《猎人海力布》是一篇情节曲折、感情丰富且富有传奇色彩的民间传说故事，海力布对小白蛇的热情相助，小白蛇对海力布的感激之情，海力布对乡亲们的真诚关怀，乡亲们对海力布的感激与悔恨，洋溢在字里行间；龙王赠给海力布的那颗宝石，也神奇而令人向往。教材展示出的和蕴涵着的这些思想内容和情感因素，如果能让学生多元解读、自主感悟，学生必然受到情感态度价值观的熏陶和感染。可是，这些有血有肉的东西，都被这位老师给"剔除"掉了，最后只剩下"优秀品质"和"先进事迹"这两根骨头。

为了启发教师对教材进行多元解读，人教版实验教材的"教师教学用书"在教材解读上做出了有益的尝试。他们一改过去的教材分析模式，用"教材简说"的形式，用感性化的语言，对课文进行个性化的解读，由此引发教师多元解读的欲望，给师生创造性地解读课文有启发，也留有较大的空间。

比如，一年级下册有一首诗叫《柳树醒了》。课文是这样的："春雷跟柳树说话了，/说着说着，/小柳树呀，醒了。/春雨给柳树洗澡了，/洗着洗着，/小柳枝哟，软了。/春风给柳树梳头了，/梳着梳着，/小柳梢啊，绿了。/春燕跟柳树捉迷藏了，/藏着藏着，/

小柳絮呀，飞了。/柳树跟孩子们玩耍了，/玩着玩着，/小朋友们，长高了……"

这篇课文的"教材简说"是这样写的：

《柳树醒了》，题目已散发出诗意。

这是一首诗，又似一篇引人入胜的童话。

柳树醒了，春雷把她从沉睡中叫醒了。她睁开睡眼，春雨给她洗澡，春风给她梳头，春燕跟她玩游戏。柳树醒了，她是那么柔软，那么鲜嫩，那么活泼，那么妩媚动人。她不就是春姑娘吗？

柳树醒了，春姑娘来了。春天闪耀着明丽的色彩，跳动着轻快的音符，弥漫着逗人的童趣，悄悄地向我们走来。

柳树醒了，孩子们也醒了。孩子们在不知不觉中，又长高了。一年之计在于春，孩子们又投入新的学习中了。那读书声，那欢笑声，给春天的乐谱上增添了美妙的音符。

课文中的插图，让人感到春天跳动着的生命力。春天是美好的，春天是迷人的，春天是催人奋进的。

"在春天里，还有什么醒了呢？"课后的这个问题，打开了孩子们想像的大门。要相信孩子，孩子的眼睛里折射出的画面，比诗更蕴涵深意。孩子的心，就是一篇童话。

这几段"简说"，带着"简说"者个人对春天的印象，对春天的热爱，带着自己的想像，用散文式的笔调，从另一个角度，描绘着春天到来的情景，反映着课文里蕴涵着的诗情画意。结合这几段描述，再读着课文，我们也许能体验到春天里的景色美，也许能体验到春天里的万事万物，包括春天里的人们都在生长着、发展着、变化着，也许还能体验到人与自然的和谐，感受到儿童生活的美好，感受到充满希望的明天……如果我们的教师也能像这样解读课文，他一定会想方设法地让他的学生们也带着自己对春天的回忆和向往来朗读课文，一定会引导学生走向多姿多彩的大自然，融入生机勃勃的春天，去感受，去体验。

"教师教学用书"在本课的教学建议里也指出："这首诗可以通过不同的读法，表达不同的感情色彩。比如：（1）讲述型，语调亲切自然，好像讲故事一样，娓娓动听。（2）描述型，语调轻快活泼，好像读儿歌一样，轻松俏皮。（3）抒情型，语调轻柔缓慢，好像读散文一样，充满幻想。"这样的建议，也给老师一个提示，对课文的解读完全可以是多元的。

对教材的处理和运用，是一门艺术。有的实验教材从"我"的角度，以学习伙伴的口吻提出问题、展开讨论、引导拓展，有利于学生进行自主、合作、探究式的学习。有的老师充分利用教材呈现方式的变化转变学生的学习方式，不但利用教材里的"我会读"、"我会写"、"我会认"等栏目图标，甚至还仿造出"我会背"、"我会说"、"我会做"、"我能行"等图标，引导学生进行自主学习，增强学生的自主意识，养成自主学习的习惯，取得了实效。实验教材的课后思考练习题改变了过去那种固定化、穷尽式的列举方法，立足于举例，给师生留有较大的选择空间。有的老师注意经常引导学生分析课后思考和练习题，逐渐使学生养成了利用课后思考练习题主动预习、主动思考、主动积累词句的习惯。

【思考与讨论】

一位老师在教学《落花生》一课时，让学生就"在当今时代，我们应该做落花生那样的人，还是做苹果、石榴那样的人"这一问题展开辩论。这一设计体现了对课文的多元解读、对教材的灵活处理和教学价值取向的变化。但是，如果你看到课堂上"花生派"在"苹果、石榴派"的雄辩之下，只有招架之功，而无还手之力，看到作者笔下作为美好而朴实象征的"落花生"遭到指责、唾弃，灰溜溜地自叹不如，你会怎么想？这样的教学设计，这种教材处理方式，这样的价值观导向合理吗？请谈谈你的看法。

第二节　师生合作备课

一　为什么要进行师生合作备课

完整的教学过程大致可以分为准备、实施和评价三个阶段，也就是平常所说的备课、上课和评价。这三个阶段的划分是相对的，备课、上课和评价是整合、交融在一起的，对所谓课前、课中、课后的理解不能绝对化。按照新的教学过程观，师生在课前进行的互动其实已经成为教学过程的一部分，上课也是备课的延续，备课时也有评价的设计，上课过程中也在进行着评价，评价之后还要提出教学改进意见，这为下一节课提供了新的准备。对整个教学活动的预设是备课的开始；在实际操作中对预设的调整、修正，对课堂新情况的随机应变是备课的继续和提升；课后的总结是备课的后续和攀升，并将在新的备课中延续。备课应该是有始无终的，备课过程是师生在教学过程中不断创造的过程。

备课是教学工作中的重要环节，是上好课的前提和基础。本书在第一章里已经谈到，教师备课存在时间、动力、方法三大问题，应该引起重视。我们这里要说的，主要是备课观、备课方法和备课策略问题。

按照《现代汉语词典》的解释，备课就是"教师在讲课前准备讲课内容"。这一解释包含着几个观点：第一，备课是教师的事；第二，教学就是"讲课"；第三，备课是在"讲课"前；第四，备课的任务就是准备"讲课"内容。这几个观点，与我们当前所倡导的备课观相差甚远。

在我们看来，备课既是教师的事，也应该是学生的事；备课既在上课前，也在上课中；备课既包括准备教学内容，也包括分析学情，确定教学目标，选择教学方法，设计教学媒体，安排教学程序，等等。

根据新课程倡导的教学过程观，教学过程是师生交往、积极互动、共同发展的过程，因此，备课也应该是师生交往、积极互动、共同准备的过程。据此，我们提出师生合作备课的观点和实施建议。

传统备课中，教师背着学生写教案，确定教学目标、安排教学内容、选择教学方法、准备教具学具等都是一厢情愿地凭着想像决定，至于设计的问题难易是否适当，能否激活学生，学生的学习起点有什么不同，这些问题则很少考虑。学生在课前往往也有预习、搜集资料以及其他有关的学习准备活动，但学生的这些准备和教师的备课是完全分离的，而且，这些都是教师布置的"作业"，学生是在被动地完成老师布置的任务，而不是积极、主动地为自己将要进行的学习做好准备。老师们虽然知道要"备学生、备大纲、备教材、备教法"，但真正认真地"备学生"的老师还是很少的。学生在课堂上惯性地被动学习，跟课前没有参与策划、参与决策和课中缺乏自主选择有很大关系。

师生合作备课，需要学生的主动参与，需要师生之间的交往和互动。实行师生合作备课，体现了对学生的尊重和信任，体现了教师角色的转变，体现了师生关系的改善。课程标准强调要"充分发挥师生双方在教学中的主动性和创造性"，这一点应该从备课开始得到落实。从课前到课中，有时教师做主，有时学生做主，有时商量决定，师生关系变成了"你中有我，我中有你"的关系。学生参与备课，其主体性从源头上开始得到体现。通过学生的主动参与，备课已经变成了学生自主学习的一个环节。对教师来说，备课必须做到以学生为本，从学情出发，从而采取相应的教学策略，做到以学定教。师生合作备课的过程，就是一个了解学情，确定教学重点、难点，选择教学策略的过程。

【案例1】

一位老师准备上《蚂蚁和蝈蝈》（苏教版新课标实验教科书一年级下册）这一课。课文很短，共三段：

夏天真热。一群蚂蚁在搬粮食。他们有的背，有的拉，个个满头大汗。

几只蝈蝈看到了，都笑蚂蚁是傻瓜。他们躲到大树下乘凉，有的唱歌，有的睡觉，个个自由自在。

冬天到了，西北风呼呼地刮起来。蚂蚁躺在装满粮食的洞里过冬了。蝈蝈又冷又饿，再也神气不起来了。

教师在初步备课之后，我们找来一位学生，让他自己读一遍课文，然后自由发表看法。没想到这位同学说的第一句话就是："我觉得蚂蚁不对。"我们问他为什么这样认为，他说："蚂蚁只顾自己在那儿搬粮食，他们怎么不提醒一下蝈蝈呢？"说得多有道理呀！你看人家蝈蝈多可怜哪！可是，我们在备课的时候，根本就没想到这一点。配套的教学参考用书和备课手册对教材的分析也只是表扬蚂蚁"热爱劳动，十分勤劳"，指出课文"深刻揭示了只有辛勤劳动才能换来幸福生活的道理，富有教育意义"。学生的这一"感悟"，对我们从不同的角度理解课文很有启发，我们想，除了"备课手册"上解释的道理外，"凡事早做准备"，"要有长远眼光"，这些不也是课文蕴涵着的道理吗？

接着我们让这个学生再提提问题。没想到他粗粗地翻了一下书，就说："我觉得课文的插图有错。"这一说，可把我们给怔住了。他指着课文插图说："你看，这只蚂蚁这样推，不是把粮食推到地上了吗？"我们仔细看课文中的插图，发现他说得还真有道理。图中画了一辆平板车（四周都没有挡板），上面重叠着放了几袋粮食，前面一只蚂蚁用绳子拉着车，后面一只蚂蚁推着摆在上面的几袋粮食。既没有生活经验，也没有学过力学原理，作为一个六岁多的孩子来说，这几乎称得上是一个"伟大的发现"了！

这个学生的一点感受和一个发现，对我们备课启发很大。我们在教学过程中一定要给学生自读自悟、探究发现的时间，给他们进行个性化表达的机会；我们要相信学生的潜力，相信学生的理解能力，相信学生的发现能力，砍掉繁琐分析的问题，提出真正有思考价值和启发意义的问题，引导学生去思索，去辨别，去想像，去发现。也许你会说这个学生的感受具有特殊性，他的发现也具有一定的偶然性，能够说出这样的感受，能够做出如此发现的学生是不多见的，但是我们认为，这些特殊的感受和偶然的发现正是值得我们珍视的，给学生自读自悟、探究发现的机会，让学生享有感悟和探究的过程，也是值得我们珍视的！仅仅是一个学生在课前以这样简单的方式参与进教师的备课过程中，就足以对教师的教学设计带来意想不到的启发，对教师转变教学观念产生有力的促进作用。

【案例 2】

一位老师在一所学校借班上课。上课之前，我们随意找了一位学生站在走廊上读了一遍课文，把他读错的字和读不通顺的句子记录了下来。等这位老师上完一节课后，我们又叫那一位学生到走廊上，重新读了一遍课文。结果，课前读错或读不通的地方，课后照样读错或读不通。而这位老师所上的这一节课，按照我们平时的评价标准，算得上是一堂成功的课，老师上完课以后，也很满意，并显得有些得意。当我们把这一情况告诉他后，他沉默了。这个案例说明什么？按照一般的要求，上完第一课时，应该使每一个学生都能基本做到把课文读正确，读通顺。出现这样的情况，是因为教师不了解学情，还是教师在教学中没有顾及到学生的个别差异？是因为教师追求课堂表面好看，不够实在，还是因为课文太长、班级人数太多，难以让每个同学都达到这样的要求？这值得我们认真反思。试想，如果教师自己在上课前，能够找几个同学读读课文，发现他们朗读中容易读错、读不通的地方，教学中有针对性地进行训练、指导，教学效果是否会好一些呢？

二　怎样进行师生合作备课

就合作的形式说，可以是教师与全班学生合作，或者与小组同学合作（一个学习小组，或者有意识地抽取各种层次和风格的学生），也可以与个别学生合作。和全班学生合作，需要一个集中的时间，可以利用早读、自习课，也可在本学科的课时内安排。和小组同学合作，是比较省时、省事而高效的一种形式，教师在备课时随机叫几个同学参与进来即可。而与个别学生的合作，比较适用于比较深层次的合作。当然同一次备课也可将几种形式结合起来进行。

　　就学生参与程度说，可以教师为主学生为辅，也可师生不分主次，还可以学生为主教师为辅，让学生独立备课执教，教师从旁指导、监控、协调。当然学生所处年段不同，参与的程度应该有所不同。在小学阶段，一般应该以教师为主，学生为辅。个别环节（比如识字）可以让学生独立准备，但教师也要当好参谋，否则，学生的设计可能难以取得好的效果，还会耽误教学时间。

　　就备课内容说，主要包括钻研教材、确定目标、搜集资料、设计教学过程、制作教具学具等。以语文学科的钻研教材为例，可以包括读课文、学字词、提问题、谈感想，以及发现兴趣点、兴奋点、训练点、疑惑点等等。比如，请小组同学参与备课，可以让几个同学分别读读课文，看看各种类型的学生读的差别在哪儿，问题在哪儿；再让他们自由说说自己的感想，自己对课文的整体印象和看法；再提出感兴趣或感到疑惑的问题，相互说说自己的理解；最后对学习方式提出自己的意见。教师只需观察、倾听、记录，不必点评或纠正，做到心中有数即可。当然，教师也可说说自己准备提的问题，看看学生的反应，还可把自己准备安排的教学活动做个预告，听听学生的意见。

【思考与讨论】

　　当前比较流行的"以学定教"（或"以学论教"），大都采用在课堂上根据学生的学习情况临机应变的方式。比如让学生在课堂上自由提问，再筛选出带有普遍性的问题或者老师认为是重点的问题，进行讨论和交流。这样做比较费时间，也带有一定的盲目性。如果按照师生合作备课的做法，学生提问的环节可以提前到课前完成，或者在第一课时（带有师生集体合作备课的任务）内完成，课堂上（或第二课时）可以直接出示学生中带有普遍性的问题，进行讨论和交流。但这样做，可能给一些习惯上"假课"的老师带来方便，他们也许会以师生合作备课为名，直接出示自己想提的所谓重点问题，省去了学生思考和质疑的环节。你认为会出现这样的情况吗？学生质疑的环节放在课前好，还是放在第一课时或第二课时好？在师生合作备课的方式下，如何更好地体现"以学定教"（除了质疑，还包括朗读、识字与写字指导等方面）？请你谈谈对这些问题的看法。

　　在语文教学中，笔者发现几位老师都采用了"让学生猜老师将要提什么问题"这一教学环节，每一次都能把学生充分激活，学生读课文很投入，猜问题也很积极。但老师对学生所提问题的处理方法不同，效果也各异。有的老师欣赏学生的问题，舍弃了自己的问题，引导学生选择自己感兴趣或者自己认为有价值的问题进行自主、合作、探究式的学习；也有的老师不让学生猜中一个，对学生提的精彩问题虽加赞赏，但仍然说"还不是我要问的问题"，使学生大失所望，一阵热闹的猜测之后，又回到按老师所提问题学习的轨道上来。

由这个例子可以看出，教师如何看待学生，如何摆正师生之间的位置，对备课和执教都极为关键。应该看到，只要我们多给学生一些机会，多给学生一些自主权，多给学生一些创造的空间，学生的能力和创造力是无限的。师生合作备课的意义，也许不仅限于备课和课堂教学本身，由此引发教学观念更新，师生关系改善，学生学会合作，学会学习，学会创造，更是我们所期待的。而师生合作设计作业，合作出考题，合作评价，合作制定学习计划等等，也一定会越来越引起人们的关注。

需要指出的是，师生合作备课，要根据师生的时间，教材的内容，教学的需要而定，要充分考虑合作的可行性和实效性，不必强求统一，也无须课课合作。

还要指出的是，教师在备课中应该比学生做更多的工作。就阅读教学来说，教师自己一定要认真地读几遍课文，对课文中的字词句、篇章结构、写作特点、知识性内容等方面的问题，都要认真钻研，自己弄不明白或者说不清楚的词语或问题都要仔细查阅。可以说，教师在备课时，先要"简单问题复杂化"，就是尽量想得细一些，想得宽一些，想得深一些；然后再"复杂问题简单化"，就是要精简内容，精选问题，尽量说得浅显一些，说得简要一些，说得形象一些。

【案例3】

我们在教学《陶罐和铁罐》（人教版新课程实验教材三年级上册）时，进行了师生合作备课的尝试。上课之前，我们找了语文水平不等的六位同学来，先分段轮流朗读课文，再自由发表看法或者提问题，对同学提出的问题，进行了简单的交流，从中获得了不少有用的信息。比如：

1. 学生的朗读：学生喜欢齐读；喜欢分角色朗读表演；翘舌音常读不准；几个学生把"轻蔑"读成 qīng、mèi；一个学生把"盛东西"的"盛"读成 shèng；有学生把"掘"读成 qū；把"倒掉"的"倒"读成 dǎo。

2. 学生的提问：学生提得最多的问题是：铁罐哪儿去了？为什么陶罐不碎？为什么古代的东西很有价值？陶罐值多少钱？"轻蔑"是什么意思？

3. 学生的体会：铁罐太骄傲了；不能总是取笑别人；陶罐很可怜，因为它总是被铁罐欺负，不过它也很有价值，我也想有个陶罐。

4. 学生的交流：对"铁罐跑到哪儿去了"这个问题，有学生说"可能跑到别的地方去了"。对"为什么说不比你差"这个问题，有学生说"因为铁罐有铁味"。

以上这些信息，对我们进行教学设计很有启发。比如，"盛"是个多音字，学生已经学过了"茂盛"的"盛"，但在本课"盛东西"这里应读 chéng。我们在备课的时候，没想到学生会读 shèng。学生的误读给我们一个提示，如果是个别同学误读，可以个别纠正，如果误读面比较广，就要作为重点在全班纠正。再比如，学生对"为什么古代的东西很有价值"这个问题比较感兴趣，我们就在网上搜集了几张古代陶罐的图片，还搜集到一张在香港拍卖价为四千多万元的明清时期的罐子，展示给学生看。课堂上，学生对此非常感兴趣，在看到新石器时代的陶罐时，他们用上了"价值连城"、"无价之宝"、"稀世珍宝"等词语，不但生动形象地解决了学生心中的疑惑，而且对

"价值"一词的理解,对他们头脑中有关词语的提取、运用,都收到较好的效果。再比如,根据学生同情陶罐的体验,我们设计了一个整体感悟性质的问题:"读完课文,你同情陶罐还是同情铁罐?为什么?"这为学生进行多元解读、多元感悟提供了机会。这一环节取得了较好的教学效果,完全是得益于课前和学生互动时受到的启发。

【案例 4】

我们进行过个别教学环节让个别学生独立准备后当小老师带领大家学习的尝试。一次,我们让两个三年级同学在课外商量怎么带领大家学习本课中要求会认的字。结果,两位学生站在讲台上,说是让大家猜谜语。他们在黑板上通过画图出示谜面,画得很细致,花的时间较多,才画了一半,同学就猜出来了。他们又说,"这个不算,重新画一个"。刚画了一点,同学又猜出来了。然后他们又像老师讲课一样,讲每个字是怎样构成的,记字的时候要注意什么,等等。这个教学环节花了较长的时间,但效果很差,课堂秩序也显得比较乱。这次试验给我们一个启示:学生独自备课时,教师要参与互动,至少应在课前了解学生的准备情况。

第三节 教学目标和教学内容的确定

以研究学习目标而著名的美国学者马杰(R·Mager)指出:教学设计依次由三个基本问题所组成。首先是"我要去哪里?"即教学目标的制定;接着是"我如何去那里?"即包括学习者起始状态的分析、教学内容的分析与组织、教学方法与教学媒介的选择;再是"我怎么判断我已到达了那里?"即教学的评价。即是说教学设计是由目标设计、目标达成的诸要素的分析与设计、教学效果的评价所构成的一个三环节六要素的有机整体。①

一 教学目标的确定

(一)教学目标设计中容易出现的问题

教学目标是设计教学内容、教学方法、教学媒体、教学程序的重要依据,是检验、评价教学效果和修正教学过程的主要依据,是师生进行教学活动的出发点和归宿,是教学活动朝着正确方向运行并最大限度地取得实效的重要保证。

但是,教师对教学目标的设计问题都缺乏应有的重视和研究。这直接导致在教学目标设计上,经常出现以下问题:

1.教学目标不明确,教学活动具有盲目性和随意性

比如,有的老师写教案时先把教参上的教学目标抄下来,在考虑教学内容和教学过程

---

① 张大均.教育心理学.北京:人民教育出版社,1999.353~354.

的时候，也许已经忘记了所抄的教学目标。有的老师则首先设计教学过程，教学过程设计完成了，还没有写教学目标。

2.有明确的教学目标，但目标的确定带有盲目性

这些教学目标，要么是抄来的，自己并没有认真思考；要么未经认真分析和研究，是凭着自己大概的感觉写出来的；要么是按照一般的格式，千篇一律地写出来的。

3.教学目标不全面

一般情况是注重知识和能力目标，忽视学习过程、学习方法、情感态度价值观等方面的目标。

4.教学目标太笼统，不够具体，也不好检验

一些教参每篇课文的教学目标都有"正确流利有感情地朗读课文"，一些老师在教案上也这么写。但是，课文体裁不同，语言特点和感情特点也不同，朗读方式、方法、策略和每节课朗读训练的侧重点也应有所不同。从朗读教学的目的来说，是重在理解课文，重在体验情感，还是重在传情达意？这些问题不弄清楚，朗读教学目标是难以实现的。

5.教学过程设计没有回应、落实教学目标

有一位老师写的《迷人的张家界》（人教版试用修订本第九册）一课的教案，"教学目标"中的"认知目标"有两项：认识本课7个生字；在阅读中揣摩文章的表达顺序，体会作者的思想感情，初步领悟文章基本的表达方法。可是整个"教学过程"就是围绕对张家界景点的认识和体会张家界景色的美来进行的，对7个要求会认的字只字不提，对阅读中如何揣摩文章的表达顺序，如何体会作者的思想感情，如何领悟文章基本的表达方法，也没有任何设计。教材在"阅读提示"里要求学生读课文时想想"课文第三、四、五、六自然段每段开头的一句话有什么作用"，这其实就是让学生领悟文章基本的表达方法，教学过程中可以充分利用这个提示进行引导。可惜这位老师没有注意到这个问题，教学目标中的几句话，也许只是对《标准》语句的摘抄，并没有成为老师心中的教学目标。

从某种意义上讲，这些问题可以说是教学中最严重的问题。试想，对教学目标都不认真思考和研究，一节课究竟应该干什么，究竟是为了什么都不清楚，教师和学生花了那么多的时间和精力（甚至可以说付出了自己生命的好大一部分），多可惜呀！

（二）确定教学目标的要求

教学目标有教学总目标（课程目标）、学期教学目标、单元教学目标、课时教学目标等不同层次。我们在这里只讨论课时教学目标。在小学语文课堂教学中，确定一节课的教学目标，要努力做到以下几点：

1.明确

这主要不是指教案上是否有"教学目标"这一项，而是指教师在设计教学的时候，头脑中是否清楚这节课的教学目标，在教学过程中是否一直"惦记"着这些目标，是否"清

醒"自己在干什么,为什么要做这些事。

2. 全面

按照布卢姆的教育目标分类理论,教学目标可划分为认知、情感和动作技能三个领域。从表现形式来说,教学目标主要有行为目标、生成性目标和表现性目标。按照《标准》中课程目标的表述,教学目标也可以分为知识和能力、过程和方法、情感态度和价值观三个维度。所谓"全面",不是说要"面面俱到",而是指要体现全面提高学生语文素养的理念,要兼顾知识和能力、过程和方法、情感态度和价值观三个维度的目标。虽然就某一节课来说,目标应该有所侧重,但不能偏重某一方面,而忽视了其他方面。过程和方法、情感态度和价值观方面的目标,有时不便表述,但教师一定要心中有数,要有这方面的意识,善于在教学过程中随时"生成"有关的目标。同时,还要注意三个维度的目标虽然有各自的独立性,但在教学过程中,它们是有机地整合在一起的。

3. 具体

所谓"具体",是针对过于笼统的目标来说的,上面已以朗读教学为例做了说明。我们认为,教学目标也不能定得过于具体、琐碎,否则容易使教学变得机械、呆板,不利于发挥师生在教学中的创造性。每一节课的教学目标要全面,但也不能太多,应该比较集中,而且要突出目标中的重点、难点。目标过于具体,也就变成了各项活动的要求,实际上是没有必要也无法全部列出的。有些具体的目标、要求是存在于教师的心中甚至潜意识里的。

4. 符合实际

要符合本班学生的学习需要、学习能力、学习水平、学习习惯等,也要符合教师的自身特点、教学风格,以及教材的特点、当地教学资源的特点等。

5. 具有弹性

这一方面是顾及到学生的差异,另一方面也要考虑到目标的生成性,还要考虑到预想目标与实际效果之间的差距。老师的心中,除了应该有希望全班学生达到的一般目标,还应该装着个别学生的特殊目标;除了应该有教案上写着的预定目标,还应该有教学过程中不断生成的目标;除了应该有理想层面的目标,还应该想想每一个学生实际达到的目标。

6. 表述恰当

表述行为目标时,要注意以学生作为行为主体(可以省略),注意说明产生行为结果的条件,写清楚作为衡量行为结果的标准。对行为标准做出具体要求,比如"好到哪种程度","精确度如何","完整性如何","在多少时间内",教学目标就具有可测性。但是,过分强调用行为来描述教学目标,容易造成教学的机械与刻板。此外,对三个维度目标的表述,要注意整合,比如情感的目标往往与朗读结合在一起,学习态度、方法的目标往往与学习过程的目标结合在一起表述。

与各版本新课程实验教材配套的教师教学用书中,有的把"教学目标"改称为"学习目标"，意在突出学生的学习。有的只在"说明"里有"本册教学目标"，但具体到每一课，没有"教学目标"，只有"教学要求"，而这些"教学要求"，有时是针对学生提的，比如，"学会本课8个生字，正确、流利地朗读词语，认识1个偏旁"；有时又是针对教师教学提的，比如，"指导学生认真观察课本彩图或教学挂图"，"通过对课文的朗读感悟，激发学生对美好大自然的向往，体会亲近自然的愉快"。从教师角度提教学要求，不利于引导教师由关注教师的教转向关注学生的学。有的教学用书没有单独列出"教学目标"，只是在缩印的课文旁边列出教学内容和教学建议，教学建议里蕴涵着比较具体的教学要求。而这些教学要求的弹性也比较大，给教师留有较大的自主权。这有利于教师结合教学实际，灵活地生成教学目标。但这对教师设计教学目标的能力要求比较高，对不善于设计教学目标，或者不重视教学目标设计的老师来说，也许容易产生一定的随意性或盲目性。

　　教师教案里的"教学目标"，一般是从"教参"或"参考教案"里抄下来的。虽然"教参"或"参考教案"里的教学目标是"仅供参考"的，但教师往往还是照搬了事。其实"教参"或"参考教案"里的"教学目标"定得是否恰当，这本身还是值得研究的问题，更不要说与本班学生、教师本人和当地教学资源等各种条件是否相符了。鉴于教学目标在教学过程中的重要性，我们认为，教师还是应该花点时间认真思考教学目标的问题。

　　在设计教学目标的过程中，要注意两个重要环节。一是将课程标准的目标和教材的特点结合起来进行分析。可以在仔细阅读教材和分析学生的基础上，再看看《标准》中与本课内容有关的课程目标，想想在本课教学中可以重点落实哪些课程目标。比如，要进行三年级阅读教学中精读课文的教学时，就可以重点看看《标准》第二学段目标中"阅读"方面的目标，结合本课教材进行分析、思考。二是注意在备课时多和学生互动，充分了解学生的学情，认真分析学生的学习背景和学习需要。比如，有的同学在学习一篇课文之前，可能对本课的生字已经部分或完全认识了，我们在确定识字方面的教学目标时，就要充分考虑这一情况。

二　教学内容的选择

　　选择教学内容，要依据教学目标、学生实际和教学资源。总体来说，要注意以下问题。

（一）不要把教学内容混同于教材内容

　　这一点，我们在上一节里已有讨论。现在要研究的是，如何通过分析教材，并注意开发和利用其他课程资源，把他们"化"为某一节课的教学内容。有研究者将语文教材中的选文鉴别出"定篇"、"例文"、"样本"、"用件"四种类型。"'定篇'，是语文课程规定的内容要素之一，指语文教学大纲或课程标准中规定的篇目，也是语文课程肩负的培育文学、文化素养的确切所指。'例文'是为相对外在于它的关于诗文和读写诗文的事实、概念、原理、技能、策略、态度等服务的，成篇的'例文'，大致相当于理科教学中的直观教具，它给语文知识的学习添补进经验性的感知。'样本'是同类选文的'取样'，与'定篇'一样，作为'样本'，一篇'选文'也要同时教学与'样本'相关的许多方面。但是，那许多的方面主要不是来自选文本身，更不是来源于权威——无论是专家、教材编撰者还是教师的阐释，究竟教学多少个方面、哪些方面，除了依据'样本'之外，主要取决于学习者读与写、文学鉴赏的现实状况。具有易替换性，是'用件'类选文的特点；而目的主要是提供信息、介绍资料、使学生获知所讲的事物（东西），则是'用件'的实质。在这种类型中，学生其实不是去'学'文，而主要是'用'这一篇文里的东西，或者借选文所讲的那东西，或由选文所讲的那东西触发，去从事一些与该选文或多或少有些相关的语文学习活动。"①这种对教材中选文类型的鉴别，对我们正确地看待教材，创造性地使用教材，科学地设计教学内容，更好地完成语文教学任务，很有启发。

（二）教学内容的难度要适当

设计问题和任务时，要注意不能低于学生的学习起点，也不能高到学生经过努力也难以达到的程度。比如，经常有教师采用"猜谜"的方式引入课题，而往往要猜的谜底就是课题，学生很容易猜中。往往教师刚一开口说谜面，学生就说出了谜底。又如，一位老师上《比尾巴》一课，每讲一句之前都先提一个简单的问题，再贴出一种动物尾巴的图片。问题提得很简单，学生不用动脑，就可以回答。结果，教师提问和贴图片的速度落后于学生的思维。学生看着讲台上的图片，不断地说："老师要贴××的尾巴了!"更多的情况是，教师提的问题，学生几乎没有答错的，教师话音刚落，全班同学就齐刷刷地举起了小手，课堂变成了"无错的问答"，表面上是"快节奏"、"大容量"，实际上学生没有真正动脑筋思考过一个问题，信息量极小。教师的设计起点明显低于学生的认知水平，学生学习动力不足，必然要分散注意力，即使被迫地跟着老师的"快节奏""跑"了一节课，也收获甚微。

有的老师则不注意学生的年龄特点，把问题或任务设计得太难。比如，有教师叫一年级孩子自己读课文，一边读一边画出本课的生字，而老师给他们的时间往往也很有限，有时还要比比谁先完成。这对于一年级孩子来说是难以做到的，他们要么专注地读课文，要么专注地把课文中的生字画出来。还有的老师在低年级教学中布置学生自读课文，一边读一边思考三个问题。教师一口气说出三个问题，学生连问题都记不住，更不要说思考了。有的老师则把几个问题用投影打出来，让学生先读一读，但是里面的字学生还认不完，读出问题也显得有困难。实践证明，在低年级教学中，一次提出几个问题让学生同时思考，或者一次布置几个任务让学生同时完成，是不够恰当的。

---

① 王荣生.语文科课程论基础.上海：上海教育出版社，2003.41～42.

（三）教学内容的容量要适当

如果一节课的教学内容安排太少，信息量太小，密度过疏，学生吃不饱，教学效率也低。但教学内容也不宜安排得太满。尤其是上公开课，老师往往为了给听课者留下一个好印象，总是想多安排一些内容，多体现一些理念，多展示一些亮点，结果常常拖堂。其实一节课40分钟，可以说"一晃而过"，它能安排的内容，能体现的理念，能展示的亮点，是非常有限的，如果这也舍不得丢，那也舍不得放，这也想体现，那也想展示，结果只能是什么都难以深入，什么都难以体现。

（四）教学内容中的重点、难点要放在突出位置，并预留充足的时间

对学生熟悉的问题，尽量少提；对学生很容易理解的段落，尽量少问或不问；估计学生都认识的字，可以不教；对大部分学生都认识的生字，可以只对个别同学进行指导。有的教师教学时把大部分时间花在一些无聊的问答上，导致学生读书和独立思考的时间很少，字词句教学的时间也很有限。当然，各年级教学重点、难点有所不同，教师应该心中有数。

第四节　教学方法的选择和教学环节的组织

一　教学方法的选择与运用

教学方法改革是教学改革的重要内容。对教学方法概念的理解，学术界有"方式说"、"途径说"、"手段说"、"手段途径说"、"相互作用说"、"教法学法统一说"、"动作体系说"、"操作策略说"等多种观点。以"相互作用说"为例，可这样界定："教学方法是在教学过程中，教师和学生为实现教学目的、完成教学任务而采取的教与学相互作用的活动方式的总称。"[1]

人们对教学方法的分类，也有着许多分歧。有研究者将教学方法分为四类："语言性教学方法（含讲授法、谈话法、读书指导法），"直观性教学方法"（含演示法、参观法），"实践性教学方法"（含实验法、实习法、练习法），"研究性教学方法"（含讨论法、发现法）。[2]还有研究者把教学方法分为"提示型教学方法"（包括示范、呈示、展示、口述四种形式），"共同解决问题型教学方法"（包括教学对话和课堂讨论两种基本形态），"自主型教学方法"三种基本类型，并认为三种教学方法之间是相互渗透、相互作用的，三种教

---

① 李定仁，徐继存．教学论研究二十年．北京：人民教育出版社，2001.201.
② 李定仁，徐继存．教学论研究二十年．北京：人民教育出版社，2001.206.

学方法分别对应于接受性学习、社会性学习、自主性学习三种学习方式。①

（一）选择教学方法的态度和策略

对待多姿多彩、纷繁复杂的教学方法，应该采取怎样的态度和策略呢？

1. 要认真分析、研究各种教学方法

要掌握各种具体方法的特点、作用、适用范围和使用条件，在教学过程中根据需要选择恰当的教学方法进行优化组合，使各种教学方法能够扬长避短，发挥教学方法的整体、综合效应。教学方法不是孤立的，而是相互联系、相互渗透的，任何一种教学方法的作用都是有限的，单纯使用任何一种教学方法，都难以取得好的教学效果。

2. 要正确处理继承和发展的关系

任何教学方法都和历史有着渊源关系。我们在研究新课程教学方法时，既要注意批判地继承历史上总结出的各种教学方法，不能对传统教学方法进行简单的否定，也要处理好新课程倡导的教学方法和传统教学方法之间的关系，还要善于对历史和现实中的各种教学方法进行创造性的发展，促进教学方法的创新。

3. 要重视教学方法中人的因素

方法是人使用的方法，教学方法改革依赖于使用教学方法的教师素质的提高。同样的教学方法，在不同的教师手里会产生不一样的教学效果。教学方法是多种多样的，在具体的教师那里，教学方法更显得灵活、多变而富有个性色彩。教师的教学艺术和教学风格，就包含了教学方法的个性化的灵活运用。所谓"教学有法，教无定法，贵在得法"，除了讲教学方法的多样性外，讲的就是教师贵在掌握灵活运用各种教学方法的艺术。另外，教学方法是教与学相互作用的活动方式，教学方法的运用不只是教师的事，还依赖于学生的参与，依赖于师生之间的积极互动。教师在运用各种教学方法的过程中，还要善于调动学生的主动性和创造性，善于和学生交往、互动，提高教学效果。

（二）选择教学方法的依据

1. 教学目标

比如识记、了解层面的目标，可通过讲授法、介绍法、阅读法实现；理解、领会层面的目标，可选用质疑法、探究法和启发式谈话法；应用层面的目标，可选用练习法、迁移法和讲评法；分析、综合、评价层面的目标，则应选用比较法、系统整理法、解决问题法、讨论法等。

2. 教学内容

比如诗歌、散文适合用情境教学法，说明文适合用探究法等。

---

① 张华．课程与教学论．上海：上海教育出版社，2002.212～227．

3.学生的年龄特点和个别差异

比如，角色扮演法对低年级学生来说是很适合也很受欢迎的，但发现法在低年级运用的效果就赶不上高年级。总的来说，低年级要多采用活动和游戏的方法。又如，有的学生自己探究获得的知识可能难以留下深刻的印象，而通过教师讲解或归纳总结的知识则容易留下深刻的印象，对这样的学生，教师就应该注意在运用探究法的同时，适当配合讲解法和系统整理法。

教师可以给所任教班级的学生列一个特点单。比如：

张三：性格外向，喜欢表演，发言积极，思维活跃，反应敏捷，粗心大意，作业错误率高

李四：性格内向，喜欢思考，反应较慢，认真细致，作业速度较慢但正确率高

王五：语言生动形象，条理清楚，上课注意力不集中，爱搞小东西，写字、作业速度很慢

……

设计教学的时候，要充分考虑学生的不同特点。

4.教学组织形式

比如在采用班级授课制而班级人数又太多的情况下，采用发现教学法会遇到比较大的困难。

5.教师素质构成特点和教学风格

比如，如果教师朗读、写字水平很高，就可多采用示范的方法；如果教师朗读、写字水平不高，就可以多采用电化教学的方法，弥补自己的缺陷。

6.教学条件

比如，受设备条件的限制，直观法、实验法可能无法使用。再如，受教学时间的限制，过多使用问题教学、发现教学就可能难以完成教学任务。

【思考与讨论】

先提出问题，再根据学生的回答进行启发引导，这是老师们常用的教学方法。但是在教学实践中，我们经常可以看到教师预设一个"圈套"，千方百计地引着学生注里钻，学生绞尽脑汁猜测老师心中的答案，学习非常被动。请阅读下面这个《草船借箭》教学实录片断，从提问的目的、教学的预设与生成、教师在互动中的导向等方面进行分析、讨论，把你对这个教学片断或这种教学现象的看法以及改进的设想写在笔记本上。

师：你认为诸葛亮是个怎样的人？

生：他是个机智的人，很会想办法。

生：他对人很诚恳，所以鲁肃对他也很热情。（教师不语）

生：他很聪明。（显然不是老师所期望的）

师：诸葛亮仅仅是聪明吗？（进行启发）

生：还很勇敢。（又岔开去）

师：为什么？

生：因为他敢带几千人到曹军那儿去叫阵。（学生纷纷赞同）

师：那么，请你用一个好一点的词！（再次启发）

生：机智勇敢。

师：还有没有更好的词？（老师有点不悦，提高了音调）

生：聪明至极。（离教师的期望显然还很远）

生：视死如归。（教师有点不耐烦了）

生：足智多谋。

师：书上有没有？（终于熬不住了）

生：神机妙算。（教师总算放下了一块心中的大石头）

学习方式的选择与运用

积极倡导自主、合作、探究的学习方式，是《标准》的基本理念之一。学习方式的选择也要以教学目标、教学内容、学生的年龄特点、个别差异等为依据。

总体上讲，"自主学习"是相对于"被动学习"来说的，强调学生成为学习的主人；"合作学习"是相对于"个体学习"而言的，强调学生之间的沟通与互助；"探究学习（发现学习）"是相对于"接受学习"而言的，强调学生主动获取知识的过程。

实行"自主学习"，教师必须相信学生的学习潜力和创造性，善于"放权"；要注意激发学生的学习动机和学习兴趣，使他们能够积极、主动地参与学习活动，也乐于参与学习活动；要善于引导学生掌握学习方法，使他们会学；还要善于引导学生认识到学习的目的、意义，使他们具有克服困难、坚持学习的意志。在学生学习的过程中，教师要引导学生逐步学会确定学习目标、选择学习内容、总结学习方法、学会自我监控、自我调节、自我评价、自我补救。

有老师问：低年级能进行自主学习吗？回答应该是肯定的。自主学习不等于自学，低年级学生不具备自学能力，但不等于不具备自主学习能力。学生能积极主动地学习；能在学习过程中做出选择（比如自己选择学习伙伴和学习方式）；能凭着自己的经验、用自己喜欢的方式、用自己的方法认会几个没学过的字；在朗读课文时，能够通过自己的努力从读不通到读通顺、读流利；在理解课文时能提出自己不懂的问题并能自己解决问题；在开展某项活动时能给自己提提要求，并能按这些要求约束自己；教师在教学过程中能多听听学生的意见，多采纳学生的意见，尊重学生的选择……所有这些，不都体现了学生的自主吗？

合作学习是指学生在小组或团队中为了完成共同的任务，有明确责任分工的互助性学习。开展合作学习，要处理好自主与合作的关系：自主学习是基础，不能走过场，不能在尚未充分自主学习的情况下就组织合作学习。合作学习也不等于小组学习，小组学习只是合作学习的一种形式，师生互动、同位交流、全班讨论等，也是合作学习。要注意合作学习的有效性：一看学习内容是否有价值；二看是否人人投入，互相帮助；三看是否有思维碰撞或情感交流。

课堂讨论是合作学习的一种形式，被教师们广泛使用。有的教师以为组织了学生讨论，就是体现了合作学习的精神。其实不然。在有的课堂上，教师让学生在四人小组里进行讨论，讨论时间很短（有的讨论只有 10 秒钟左右），四个同学分别说了几句话，有的同学甚至还来不及说话，老师就拍着手说："一二三，快坐端正！"这样的讨论，学生没有进行深入的思考，没有争论，没有互相启发、互相补充，没有互相帮助，不要说"合作"，连"讨论"都说不上。

课堂讨论要注意几点：

（1）问题要有讨论价值。

（2）问题的难易度要合适，不能太简单，也不宜太难。

（3）要给学生足够的讨论时间。

（4）分组方式要灵活多样，小组人数以 3～6 人为宜。

（5）讨论时要注意有组织、有分工、有合作。

（6）教师要发挥组织、协调、指导作用，比如要明确讨论的要求等。

（7）学生要人人参与。

（8）最好以小组为单位进行交流汇报。发言者要注意归纳小组的意见（包括一致的意见和分歧的意见）。小组交流时，可有针对性地选择一些小组汇报，不宜一组一组地讲很长时间。还要注意组与组之间的互动，比如对其他小组的发言有何不同看法，或者有何补充，可以提出来交流。

探究学习是从学科领域或现实社会生活中选择和确定研究主题，在教学时创设一种类似于学术或科学研究的情境，通过学生自主发现问题、实验、操作、调查、信息搜集与处理、表达与交流等探索活动，获得知识、技能、情感与态度的发展，特别是探索精神和创新能力发展的学习方式。探究性学习具有问题性、实践性、参与性、创新性、开放性等特点。

探究性学习方式不但在"综合性学习"中运用，而且应该运用在语文教学的各个方面、各个环节中。比如，探究发现字形特点和词语特点，围绕问题展开探究性阅读等等，都是探究性学习的具体形式。

具体设计学习方式，要综合考虑各种学习方式的优势和局限。比如，采用比赛、挑战、展示等方式，有利于调动学生参与的积极性，培养学生学习的自信心，但如果在一节课里过多采用这一类学习方式，往往容易忽视性格内向或学习滞后的学生。在采用这些教学方式时，教师要有意识地关注这样的学生，使他们有机会、有信心参与教学活动。

有的教师为了调动学生学习的主动性，让学生不用举手，想好了就站起来说。这种方式能调动学生的主动性，但如果一味采用这样的方式，往往造成争抢甚至吵闹的局面，既耽误时间，又影响课堂纪律；并且，还容易造成主动的更主动、被动的更被动，少数尖子生霸占大部分机会，多数学生成为"看客"的局面。

三 教学媒体的选择与运用

随着电化教学手段和多媒体信息技术的逐步普及，现代教学媒体和语文教学的关系问题引起了人们的广泛关注。一开始是重视现代化设备的配备，但主要是上公开课用，平时很少用，使用率很低；接下来强调使用率，有的地方甚至规定不使用多媒体就不是好课，但忽视使用的合理性和使用效率。现在看来，现代化的教学手段进入教学是个必然的趋势，关键是研究如何合理、高效地运用这些手段的问题。以下几个问题需要重点关注：

1. 处理好现代媒体和传统媒体的关系

现代媒体和传统媒体在设计制作和使用效果上各有优势，应该优化组合，并行不悖。

2. 处理好语言训练和直观教具的关系

学习语言主要靠读与悟（包括思考、想像），图像用得好能引起想像，用得不好会限制想像。要重视培养读文章、想画面的能力，让学生感受语言的无穷魅力，利用图像要适可而止，以给学生留有想像的空间。有的教师在诗歌（古诗、现代诗）教学中，一开始就播放课件（录像），配乐示范朗读，影响了学生自主、多元的想像。如果把课件（录像）放在学生充分自读之后，并在播放之前让学生猜一猜录像的画面，效果就会大不相同。

3. 从多媒体辅助教学的角度说，多媒体要有必要用才用（讲究目的性），用就要用好（讲求实效性）

画面、声音等要清晰，出现时机要恰当，操作要熟练。课件制作要规范，比如，课件中的汉字尽量用楷体，不用黑体、宋体，更不要用变形的美术字体（尤其是低年级）；汉语拼音用哥特体（笔画粗细均匀，不带装饰线），不用印刷体（笔画有粗细变化，带有装饰线），ɑ、g不要写成a、g；除了前引号、前括号、前书名号等，其他标点符号不要出现在一行的开头，省略号要上下居中。

4. 从信息技术与学科教学整合的角度说，信息技术将超越"辅助"教学的层面，和学科教学"整合"在一起

在这样的教学模式下，要注意发挥信息技术的优势与特点，提高语文学习效率，比如利用它直观形象的特点，吸引学生的无意注意，激发学生的学习兴趣，帮助学生理解课文、感悟语言、体验情感；利用它信息量大的特点，培养学生搜集和处理信息的能力；利用它交互性强的特点，形成师生互动、人机互动的教学方式和学生自主、合作、探究的学习方式。另一方面，也要注意体现语文学科的特点，保证语文学科特有教学目标的实现。

（四）　**作业的设计**

一般地说，小学语文作业存在着"重量轻质"的问题。现成内容多，自己编写少；知识巩固多，实践运用少；书面作业多，口头作业少；统一任务多，自主选择少；机械作业多，创新作业少。

作业设计与学业负担密切相关。造成负担重的原因是多方面的，就作业来说，也有几种因素影响着学生的课业负担：第一，量大。第二，难度大。第三，不感兴趣。学生对感兴趣的作业不会感觉有负担，当然，如果占用了学生太多的时间，也影响学生的身体健康，客观上成为一种负担。第四，形式雷同。有一位二年级教师在一次家庭作业中，布置了两项任务：写本课习字册；抄写课文（全文）。写字和抄写课文形式雷同，而且课文中有既不要求认也不要求写的难字，抄写难度大，对二年级学生来说，一次写这么长时间，既辛苦又无实际效果。第五，个别差异。同样的作业，对有的同学来说可能显得很轻松，对有的同学来说，可能负担很重。

根据上述分析，我们认为，减轻学生的课业负担不能只从作业时间上去限制，要全面考虑数量、难度、趣味性、搭配、个别差异等各种因素。还要建立起各学科作业的协调机制（比如由班主任协调），否则，各科教师都觉得自己布置的作业并不多，但各科作业全部加在一个学生身上，量就大了。

要适当给学生留下课外阅读、看电视、听故事、上网、下棋、玩玩具、做游戏的时间。这些活动对学生的发展都大有益处，可惜现在学生在课余可利用的时间太少，无法发挥这些活动的作用。当然，如果学生沉迷于上述这些活动，也会影响功课，需要老师和家长正确引导和调控。

作业设计需要革除被动作业、盲目作业、机械作业、重复作业、枯燥作业、疲劳作业等流弊；要设计必要的基本训练，内容精，形式活，侧重打好基础；更要多设计创新性、趣味性、实践性、开发性练习，让学生反思学习过程，掌握学习方法，培养创新能力，激发学习兴趣；还要注意设计差异性作业，面向全体，承认差异，发展个性，培植自信。

下面这个练习，可以作为创新性、趣味性作业设计的典型例子。

【**思考与讨论**】

在作业设计和布置上需要研究的问题还很多。比如：《标准》要求"少做题，多读书"，怎样才能做到少做题而不影响教学质量？具体到某一课来说，究竟应该有哪些基本训练需要用作业的形式来完成？与教材配套的各种"练习册"中，有哪些作业是确有必要做，哪些作业是可有可无的？应该怎样设计创新性、趣味性、实践性、差异性作业？如何落实学生作业的自主性？请你选择一篇课文，对以上问题进行具体思考，并试着设计一份作业，把你的思考或设计成果写在笔记本上。

看图说反义词,看谁说得多。

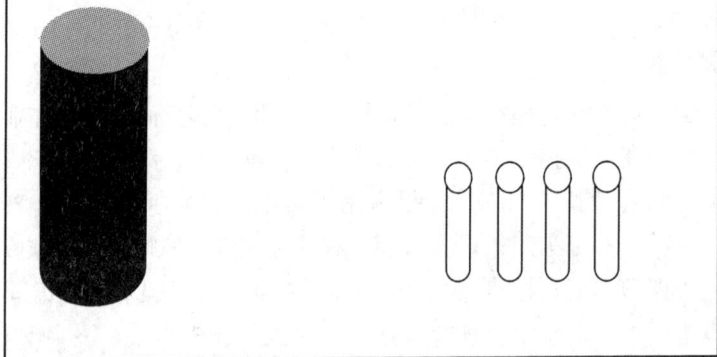

五   教学环节的组织

一节课要安排哪些环节,这些环节按照什么样的教学模式来组织,教学结构、教学程序、教学节奏怎么安排,这是设计具体教学过程要考虑的问题。这里我们只就教学环节的组织思路和教学节奏的把握做简要提示。

从教学的组织形式上看,宏观层面的教学组织是教师与学生从事教学活动的一般化的、比较稳定的外部组织形式或框架,可区分为班级授课组织和个别化教学组织两类基本形式;微观层面的教学组织即比较灵活的具体的教学过程的组织,可区分为"同步学习"、"分组学习"、"个别学习"。

从具体教学环节的组织安排来看,教师在进行教学设计时,往往习惯于只考虑"干什么",而且更多是考虑教师要说什么话,提什么问,给人的感觉是一种"线性思维"模式。我们建议教师在进行教学设计时,要同时考虑几条线索,而且要同时考虑几条线索之间的横线联系,我们把这种模式称为"网状思维"模式。首先,从学生的学习出发设计教学,重点思考围绕教学目标要完成的主要教学任务,比如识字写字、朗读感悟、积累运用等等,这是核心的一条线;再围绕这条中心线,思考要完成好这些任务,应该采取怎样的活动方式,如何展开师生互动,如何有序地组织活动,教师应该给学生创造怎样的学习机会、环境和条件;再考虑需要用哪些教学媒体,如何充分发挥这些媒体的作用。只有这样,教学设计才能紧紧围绕教学目标、教学重点展开,才能做到目的明确、思路清楚,才不会为用媒体而用媒体,才能做到内容实而形式活。

教学节奏的安排,最好做到快慢适度,有张有弛,有一定的高潮。需要强调,一节课40分钟里,第 15 ~ 25 分钟(小学低年级大约在第 10 ~ 20 分钟)是学生学习状态的低谷,在这一段时间,学生很容易分散注意力,课堂显得松弛、散漫甚至出现骚动。在这一段时间,要注意安排直观性、趣味性强的活动,吸引学生的无意注意,维持较高的情绪状态。

一位一年级老师上一节识字课（一共三段对子），从上课后的第 4 分钟起，就用串讲的方式，教师面对全班学生，读两句对子，就识里面的字，再理解里面的词语，用这种单一的教学方式讲完三段对子，一直到第 21 分钟。也就是说，在学生注意力最容易分散的一段时间里，他采用的是同一种教学方式，而且持续时间很长。这个环节应该根据学生的心理特点，在学完第一段对子以后，换一种方式学第二、三段对子，适当放手，发挥学生的主动性和创造性，安排自主学习和小组合作学习。

此外，有的老师喜欢采用"快节奏、大容量"的模式。其实，这种模式并不值得提倡。在这种模式里，教师不停地问，学生不停地答，学生根本没有时间和机会静下心来好好读书、体验和思考，看起来容量很大，实际上容量很小。

六　教案的编写

备课、教学设计的成果往往要体现在教案里。编写教案的过程可以和教学设计的过程结合起来进行，边设计边写。编写教案有几点值得注意：

（一）教案应具有弹性和灵活性

教学是一个活动过程，教学中的各个要素会不断发展变化，教学方法也是动态的、发展的。教案里应该经常有不同的设想，不同的推进思路，做好几手准备，以利于灵活应变。一些教师的教案没有按照动态生成的理念设计，而是按照自己理想化的思路写，环节固定，甚至自己要讲的每一句话都设计好了。一些教师把教案混同于教学实录，设计教学的时候已经把学生的回答都写好了。比如，一位老师的教案中有这样一句："同学们，喜欢旅游吗？（生：喜欢）"又如，一位老师上一节高年级阅读课，在让学生自由提问后，说："刚才大家都提出了自己不明白的问题，多数同学的问题集中在这个问题上，请看大屏幕。"显然，教师在电脑里打出的问题是在课前准备好的，他在课前怎么知道"多数同学的问题集中在这个问题上"呢？如果课前已经做了充分的了解，那么课堂上就没有必要再来一个一个地问了；如果电脑里的问题是根据自己的估计预设的，那么就不应打在电脑里，而应在课堂上自己直接口述，一来可以让人感到确实是来自于学生，二来也可以给自己留下应变的余地。

（二）教案要根据需要确定详略

老教师可以写简案，新教师最好写详案。有的年轻教师教案写得太具体，也不恰当。比如一位老师在《迷人的张家界》一课的教案里有一个"质疑探究，自主阅读"的环节，是这样写的：

师：根据课题你能提出什么问题？

生：自由提问。

师：(收集整理问题)这么多问题,哪一个问题最有深度最有价值？请同学们带着自己提出的问题"课文从哪几方面介绍了张家界迷人的景色"去读书,这叫问题回家。开始。

你看,连"开始"两个字都写进了教案。这显然是过分具体了。

（三）教案的书写格式应该有利于师生互动

教案应该便于教师把握教学的操作策略，便于动态地调整教学环节的切入点、推进顺序。我们提倡用下面这样的书写格式。

表 3-1　教案书写的格式

教学环节	学生活动	教师活动	操作说明或调整、批注

上述教案格式中，"学生活动"与"教师活动"是相对应的关系，便于教师按师生互动的思路来设计教学活动；"学生活动"在"教师活动"之前，便于引导教师从学生学习的角度出发来设计教学活动，突出对学生的关注。"操作说明"主要体现教案的预设，"调整、批注"便于让教师在备课过程中或执教之后对教案随时调整或反思，体现备课的有始无终和教学的动态生成。

当然，教案书写内容、格式、详略、规范等问题，依赖于教案检查制度的改革。

第五节　小学语文课堂教学的实施策略

教学实施是将教学设计所形成的教学活动方案付诸实践的过程，是教学工作的主要环节，包括上课、作业的布置、检查、批改与讲评等。本节主要讨论课堂教学的实施策略。

一　教师角色转换的策略

教师角色的转换，是新课程实施的重要方面，也是落实新课程理念、构建新的课堂教学模式的重要前提。应该说，教师"传道、授业、解惑"的作用仍然是存在的，但作为教师角色的定位，不能以此为出发点，也不能以此为教师教学的主要任务。按照新课程倡导的师生交往的教学过程观，"教师由教学中的主角转向'平等中的首席'，从传统的知识传授者转向现代的学生发展的促进者。"① "教师即学生学习的促进者是教师最明显、最直接、最富时代性的角色特征，是教师角色特征中的核心特征。"其内涵包括"教师是学生学习能力的培养者"、"教师是学生人生的引路人"两个方面。② 《标准》指出："教师是学习活动的组织者和引导者。"

根据新课程的这些理念，结合教学实践，我们认为，语文教师在转变角色过程中应该注意以下几点：

（一）教师要做学生的学习伙伴

教师要由居高临下的知识权威的角色转变为和学生平等的、共同发展的学习者。只有这样，才能使语文教学做到"在师生平等对话的过程中进行"，使学生成为"语文学习的主人"。在教学过程中，教师要善于俯下身子，走到学生中间，深入学习小组，平等地和学生沟通、交流。

（二）教师要肩负起促进学生学习的责任

我们提倡教师做学生的学习伙伴,并不等于把教师混同于学生的一个普通学习伙伴。教师同时还肩负着促进学生学习的重任,必须充分发挥教师在教学过程中的活动组织者、关系协调者、资源提供者、情境创设者、兴趣激发者、思维启迪者、方法引导者、行为示范者、练习辅导者、质量监控者等多种作用。教师一方面要善于"放权",善于给学生自主学习创造条件和机会,另一方面也不能放任自流,被学生"牵着鼻子走"。一些老师没有把握好这种辩证关系,该讲的不敢讲了,兜着圈子让学生猜着说;该示范的不敢示范了,由着学生去自由"探究";学生有不妥当的地方,也不知该不该纠正了。这是很危险的倾向。

（三）教师要承担起"教书育人"的职责

语文教师不能只"教书"不"育人"，或者重"教书"轻"育人"。"教书"和"育人"其实不是两件事，而是一件事的两个方面，应该统一在教学活动的全过程中。教师不能再充当一个"传道者"、"说教者"的角色，而应当做学生的知心人，善于了解学生的心理，善于做沟通和引导的工作，善于引导学生进行自我调适和自我教育，促进学生心理的健康发展和良好道德的养成。

教师的以上角色不是相互矛盾的，而是可以有机地统一在一起的。教师在适当时候可以突出某一种角色，但他必须同时扮演多种角色。教师要增强自己在课堂上的角色感，既要善于进入某种角色,也要善于跳出某种角色,"进得去也出得来"。比如,不要因为深入学习

---

① 钟启泉等.为了中华民族的复兴,为了每位学生的发展——基础教育课程改革纲要（试行）解读.上海：华东师范大学出版社，2001.273.
② 朱慕菊.走进新课程：与课程实施者对话.北京：北京师范大学出版社，2002.125.

小组,充当学习伙伴角色之后,就忘记了自己作为学生学习的组织者和指导者的角色。此外,教师在课堂上需要关注的东西太多,要想着自己的教案,想着接下来要讲什么话,想着将要播放的课件,想着哪些同学没有集中注意力,想着课堂上将要"动态生成"的东西,想着教学时间已经过去了多少……作为上课教师,置身当今的课堂,需要眼观六路,耳听八方,"瞻前顾后","一心几用","分身有术"。这是听课的旁观者难以体验到的感受。

二　动态生成的策略

课堂教学目标、内容、方法、程序的动态生成,是新课程教学实施的重要理念。在落实这一理念的过程中,要注意以下策略:

(一) 做好预设

教学不能过分依赖于动态生成,必须有比较明确的教学行进方向,有比较明确的发展思路。一节课的主要任务是什么,应该如何围绕主要任务展开互动,这节课主要有几个环节,适合采用怎样的互动方式,在某个环节中谁更主动一些,谁提出问题,这个环节大约需要多长时间,这些问题都要认真思考,做好预测。盲目地走上讲台,信马由缰似的展开教学,是无法达到预期目的的。以阅读教学为例,备课要想一想,这篇课文的主要教学目标是什么,是否会生成什么目标;学生对这篇课文会有什么多元化的解读;学生可能在什么地方存在疑问,可能会提出什么样的问题,对学习方式有什么需要,教师应该怎样应对;学生在学习过程中精神状态会怎样,应该如何对课堂气氛进行调控,等等。

【案例 5】

一位老师教学《高尔基和他的儿子》(苏教版第七册)一课。课堂上,同学们正绞尽脑汁想着自己或他人"'给'比'拿'愉快"的故事,老师费尽口舌启发着:"比如说,你有没有帮助谁,人家因为你的相助完成某件事而感谢你……"话没说完,一位同学站起来说:"老师,你有没有'给比拿愉快'的故事? 先给我们讲一下。"老师一下子傻了眼,他可没想到孩子们会有这样的要求。"好啊! 我们要听要听!"孩子们兴奋地鼓起掌来。刚才还口若悬河的老师语塞了,在脑子里搜索了好一会儿,也没想起什么事来。好在下课铃及时响起,让老师摆脱了尴尬。事后,老师对这件事进行了认真反思,发现主要还是存在观念问题。老师课前就课文中的知识在网上查了很多资料,本是成竹在胸的,可是由于对学生的需要关注不够,设计问题时没有设身处地地为学生想想,也没有注意到把教师真正作为一个参与者、对话者随时准备接受学生的挑战,因而在备课时,没有对学生的提问和自己的反馈做好预计,出现了意想不到的尴尬局面。

(二) 关注学生

要改变背教案、演绎教案的习惯思维模式,把注意力集中到学生的学习上来,关注学生学习的需要、进程、差异、状态，善于从学生身上获得反馈信息，抓住教学契机，相机进行激发、引导或调控。学生的提问、答问、朗读、讨论、表情以及坐姿等等都反映出他们学习状况的一些信息，教师要善于倾听，善于察言观色，善于捕捉这些反馈信息。

（三）善于应变

遇到备课时没有预料到的情况，要善于调整教学内容和教学程序，随机应变。

【案例6】

　　一位老师在上一节识字课时，场下有500多位老师听课。这一课一共有三段对子，在教学进行到后半段的时候，老师让学生选择自己认为读得最好的一段，展示读给大家听。其中有一个男孩读得声情并茂、惟妙惟肖，全班同学和场下听课的老师都报以热烈的掌声。这时，老师立刻改变了"一人读一段"的限制，说："你看，读得这么精彩，大家都热烈鼓掌了。我们欢迎他再给大家读一段，好吗？"在那位同学同样精彩的朗读过后，全场再一次想起热烈的掌声。老师趁机鼓励全班同学说："我们也像×××同学这样，再读读课文，好吗？"接着全班同学自由朗读课文，课堂气氛达到高潮。这里，我们感受到了教师随机应变的艺术。

相反，下面这个案例中老师的表现却显得很呆板了。

【案例7】

　　一位一年级老师在课上到一半的时候，按照教案要做一个放松性质的游戏了，于是问学生："大家觉得累不累？"学生齐答："不累！"这一回答出乎老师的意料，于是再问："大家上了这么长时间了，还不累呀？"学生又一齐说："不累不累，就不累！"教师无可奈何地说："不累呀，我们还是休息一下吧。"你看，既然不累为什么还要休息一下呢？当然，学生也许是不明白教师的用意，为了挣表现而坚持说不累，教师也许看到了这一点，考虑到不做放松游戏可能会影响到后半节课的效果，所以坚持要做。但是如果教师稍微灵活一点，说："不累呀，本来我还想让大家玩一个游戏，放松放松呢，既然这样，那我们就不玩了。"试想，这时学生会做怎样的反应呢？

（四）逐步放手

教师教学由固定到生成，要经历从绝对控制到逐步放手的过程。一下子放得太开，必然出现"一放就乱"，然后"一收就死"的问题。逐步放手有几个含义，一是随着年级的升高逐步放手，低年级不宜放得太开；二是刚开始进行试验时不要放得太开，摸到了门道，达成了默契，形成了习惯，可放得开一些；三是放手不等于撒手不管，还要注意组织、引导和指导。

【思考与讨论】

　　一位老师在教《我的战友邱少云》一课时，鼓励学生提出自己不理解的问题，还说

"如果你提的问题老师也回答不上来，那我就拜你为师"。一个学生一连提了以下三个问题。如果当时是你在上这样一节课，你会怎么处理这三个问题呢？请你独立思考之后，再和同事讨论讨论。

（1）课文第二小节说"我们趴在地上必须纹丝不动，咳嗽一声或者蜷一下腿，都可能被敌人发觉"。第五小节又说"我忽然闻到一股浓重的棉布焦味，扭转头一看……"前面说必须"纹丝不动"，后面怎么能"扭转头一看"，这不是前后矛盾吗？

（2）燃烧弹烧着之后，为什么只烧邱少云，而不烧"我"和其他战士呢？

（3）课文第九小节写了"黄昏时候，满山遍野响起了激动人心的口号：为邱少云同志报仇！"其他人是怎么知道邱少云牺牲的呢？

三　教学交往的策略

我们在前面已经说到，教学过程是师生交往、积极互动、共同发展的过程。课堂教学中教师和学生如何展开交往、互动，是动态推进教学过程的关键因素。师生交往、互动是动态推进的，因而也会复杂、多变，但也不是不可控制的，它需要教师掌握交往、互动的策略，做好交往、互动的计划，并和学生在交往、互动中学会交往、互动。关于教学交往的策略，试举例如下。

（一）相互尊重

这是产生良好教学交往的基础。在教学交往中，教师要尊重学生的人格，关注学生的需要，体谅学生的情感和要求；学生也要尊敬教师，理解教师的要求，听从教师的安排，尊重教师的劳动。教学交往过程中，教师和学生都真正做到民主、平等，都要善于控制自己的言行，保证他人享有正常交往的权利。比如，如果教师太霸道，太武断，就会打击学生参与交往互动的积极性，影响学生主体性的发挥；如果学生太放肆，使教师无法正常组织课堂教学，也会阻碍教学交往的正常进行；如果学生以自我为中心，发言或参与活动时总想自己多表现，就会使其他同学丧失参与的机会；如果学生在讨论时声音太大，就会影响到其他同学的正常讨论，如果大家声音都大，则大家都无法正常讨论。

（二）双方主动

这是交往产生的前提。在具体的交往过程中，有时教师主动一些，有时学生更主动一些。但总体而言，师生双方都应处于积极主动的状态中，这样才能有效地形成互动，并不断地推进互动。一方主动，一方被动，是难以正常交往的。

（三）多向互动

教学交往必须有全体学生的参与，必须有师生之间、生生之间、群体之间的多向互动。互动的形式有合作性互动、对抗性互动、竞争—合作性互动。要根据教学需要确定交往、互动的形式。对个别特殊的学生（如性格内向），要因势利导，多创造适合他们特点的参与机会，打消他们的顾虑，尽量调动他们参与互动的积极性。

（四）协调一致

师生双方都要明确教学活动的目标（明确目标的方式是多样的，不一定要把教学目标直接告诉学生），把握互动的推进方向，适时进行调控，避免交往活动偏离目标太远。交往过程中，教师要和学生共同建立起交往的规范（或规则），利用这些规范对教学交往过程进行调控，并引导学生进行自我调控。

（五）心态良好

师生都要保持积极而平和的心理状态，要努力实现自己的意愿，但也不要过分在乎自己的不如意。在交往过程中遇到挫折、矛盾、不协调的情况是正常的，要能够正确对待。

四　课堂管理的策略

教师"教"的活动系统包括"教学"和"管理"两个子系统。课堂"管理"活动具有组织、促进、协调、维持等多种功能，是保证课堂"教学"活动顺利、有效进行的重要条件。组织是课堂管理最基本的功能，课堂教学要有效进行，教师必须对教学设备、教材、学生以及教学活动进行有效的组织，这样学生才能由分散的个体变成有效的学习集体，教材、教学设备才能充分发挥作用，教学活动才能系统、有序地进行；促进功能是指良好的课堂管理可以最大限度地满足课堂中学生个体和集体的合理需要，形成积极、和谐的课堂学习环境，激励学生的参与精神，激发学生潜能的释放，从而促进教学活动的顺利进行和教学效率的提高；课堂管理的协调功能是指协调好课堂中的人、物、信息、时间等因素，以发挥课堂系统的整体功能，取得良好的教学效果；课堂管理的维持功能是指教师通过一定的管理手段，较持久地维持课堂教学的基本秩序，形成比较稳定的教学环境，保证教学活动的顺利进行。[1]

课堂管理包括课堂环境（物理环境和心理环境）管理、课堂行为管理和课堂时间管理等内容。从管理策略角度说，我们主要有以下建议：

（一）培养学生的自主意识与规则意识，加强学生的自我管理

新课程强调尊重学生的主体性，强调学生学习的积极性和主动性，但是不能因此忽视对学生的纪律意识培养和行为习惯训练。从学生入学的第一天起，就要在赋予他们一定自主

---

① 李定仁，徐继存．教学论研究二十年．北京：人民教育出版社，2001.303.

权的同时,建立起集体学习和活动的规则,让他们树立起规则意识。这些规则,不是教师强加于学生的金科玉律或者条条框框,不仅仅是这不准那不准似的规矩,它应该是教师和学生在集体活动中共同总结出的"游戏规则",必须让学生明白,这是全体同学(包括自己)正常进行教学活动所必需的条件,也是保证自己获得自由所必需的条件。自由是规则下的自由,规则不是为限制自由而定,而是为保证自由而定。自由与规则,自主与自律,是辩证的统一。要利用学生的规则意识、自律能力和班集体中的约束力量,加强学生的自我管理。

(二) 根据学生的个别差异, 优化课堂管理

对于自己任教班级的学生,谁爱搞小东西,谁爱搞小动作,谁爱出风头,谁爱打小报告,谁喜欢随便讲话,谁经常东张西望,谁容易发呆,谁经常打瞌睡,教师一般都心中有数。问题是,教师往往专注于自己的"教学"活动,顾不上管这些,或者只是被动地应付。教师有必要增强课堂管理的意识,认真研究学生的个别差异、个性特点,做到对症下药。比如,对爱搞小东西的学生,要注意清理掉他随身携带的各种小东西;对爱搞小动作的学生,要注意他坐的姿势;对爱出风头的学生,要适当地"冷落"他;对经常打瞌睡的学生,要了解他打瞌睡的原因,必要时还要与家长联系甚至上门家访。总之,教师一定要关注到每一个学生,尤其是关注到比较特殊的学生,要随时保持警觉,注意防患于未然。

(三) 通过优化教学设计来优化课堂管理

比如,低年级学生活泼好动,集中注意力的时间比较短,无意注意占优势,设计教学时就要遵循和利用学生这些心理特点,多采用活动和游戏的教学方式,并注意动静结合;多采用直观教学手段,吸引学生的无意注意;教学环节转换节奏要比较快,同一种形式的教学环节时间不能太长;活动之前要讲清楚要求,但问题、任务的交待要简洁明确,尽快切入活动;要善于利用猜测、卖关子、留悬念、竞争等手段,激发兴趣,调动积极性;要让每个孩子都有明确的任务和参与的机会,不要留下死角或者空档,给学生开小差的机会。相对于低年级学生来说,中高年级学生集中注意力的时间要长一些,有意注意逐步发展,也能静下心来较长时间地思考问题,但教学中同样需要注意适时转换教学环节,注意动静结合,同一内容或形式的活动时间也不宜太长,也要注意给每一个同学参与活动的机会。

在选择教学方法和教学组织形式时, 要考虑对课堂管理的影响。比如,采用活动和游戏的教学形式,学生往往容易兴奋,注意力难以集中,课堂管理难度会更大些。在这种情况下,课前要做好预测,估计会出现什么问题,考虑好活动的步骤和组织策略,活动用具最好课前放好,不让学生随意动,活动时要注意先讲清楚活动要求,必要时可找一些学生做教学助手,平时还要注意培养学生良好的参与活动的习惯。比如,教学中安排了使用剪刀的活动,就要先讲清楚用剪刀的安全问题(选剪刀时就要注意前端最好不带尖)。再如,一位老师在上课时让学生选择自己喜欢的学习方式来表现课文中的故事,学生有选朗读的，有选画画的，有选写话的，更多的是选表演。结果，选表演的同学声音很大，吵吵闹闹，严重地影响了其他同学，使他们根本没办法静下心来读、画、写。这与教师没有注意提醒是有关系的。如果所任教班级的学生人数太多，在选择教学方式、确定放手程度时，更要慎重考虑。学生发言或朗读时，一些老师片面强调要"大声"，结果弄得课堂里大喊大叫，吵吵闹闹，既缺乏美感，又影响学生的身心健康。

（四）通过提高教师的教学素养优化课堂管理

比如，要培养良好的"时间感"，善于根据教学的进程适时调节教学环节所用的时间，不浪费宝贵的教学时间。又如，善于把握课堂教学的节奏，做到有张有弛，有快有慢，环节转换自如，中间不留"缝隙"，不随意中断教学活动，避免学生因中断学习和重新集中注意而浪费时间。再如，善于"重叠处理问题"，在关注局部或个别学生的问题时，也能"照顾"到对其余同学的组织、安排或监督。再如，有的教师不注意语言的艺术，经常生气地说"还有很多小朋友没有看老师"，这句话如果改为"还有一个小朋友没有看老师"可能效果会更好。有的老师让学生自由读课文，但说完之后总是习惯性地说"开始"，结果学生同时开始，变成了齐读，老师又打断学生说"不要齐读，要自由读"，显得很别扭。此外，教师的个人魅力，师生之间的情感沟通，师生之间的心灵默契等，也是优化课堂管理的重要因素。

（五）合理运用表扬与奖励、批评与惩罚等手段

在小学尤其是在低年级课堂教学中，普遍存在着表扬、奖励泛滥、贬值、形式化和不公平的现象。"棒，棒，你真棒"，"表扬他，顶呱呱，表扬你，了不起"，类似这种"格式化"的表扬，充斥着我们的课堂，有时受到表扬的学生还要站起来说"谢谢大家"。奖励"小红花"，贴"红苹果"，盖"顶呱呱"印章，等等，也比较普遍。这些表扬和奖励的形式应该说都是可用的，但是如果泛滥了，就必然会贬值，形式化、程式化了，就失去了真情实感。结果，既浪费时间，又无多大实际效果。我们提倡表扬、奖励形式的多样化，更提倡用发自内心的微笑、点头、拍肩、抚摸以及由衷的赞赏等进行表扬。物化的奖励要控制次数，不宜占用太多的教学时间。可以用少量物化的奖励，再配合广泛的内心的激励。比如，告诉学生，"除了这几个奖杯（或其他形式），老师心中还有许多奖杯，如果谁获得了老师的微笑、点头或者拍了你的肩膀，你就获得了老师心中的奖杯"。此外，组织竞赛一定要注意公平，不要因为教师指名机会的不均等而造成竞争的不公平，影响学生的情绪和再次参与的积极性。我们认为，批评（甚至不带身心伤害的惩罚）也是可以适当使用的，只是要注意批评的出发点要好，不要伤害学生的自尊心，要讲究批评的艺术。

（六）通过培养学生良好的心态和建立良好的人际关系，优化课堂管理

我们经常发现，一个教师提问以后，班上大多数同学一般都会举手，当教师指名叫一

个同学回答问题的时候，其余同学往往会表现出泄气，或者发出叹息，甚至表现出强烈的不满。这可能与教师的教学组织形式有关，如果不注意结合小组学习等形式给学生提供更多的参与机会，学生肯定会表示不满。但从学生的角度看，也有一个心态的问题。全班几十个同学，老师一次只能叫一个同学回答呀！在竞争性教学活动中，也经常可以看到，赢了的小组欢呼雀跃，输了的小组垂头丧气，甚至互相责怪，同样表现出心态的不正常。作为教师，要关注没有被点名回答问题的同学，要关注竞争中失败的小组，还可以在点名前或者比赛前先做些思想上的引导，使大家的心态变得平和些。要让学生懂得，健康的心态应该是积极进取，得之欣然，失之泰然，赢得起也输得起，拿得起也放得下。此外，还要注意引导学生建立良好的人际关系，因为学生中人际关系的问题，如发生矛盾、隔阂、赌气、怄气、不合作、不友好等，也会影响到课堂管理。

思考与练习

1. 找出一套新课程实验教材，从整体上认真阅读教材，认识教材编写的体系和特点。有条件的还可以找出几个版本的实验教材，进行对比阅读和研究。

2. 说说你对师生合作备课的观点有什么看法或建议。

3. 结合实例，说说如何在教学设计和教学实施过程中处理好预设和生成的关系。

4. 你认为当前在课堂管理上面临哪些困难，应该怎样优化课堂管理？

5. 选一篇课文（各种版本、新旧课文均可）进行教学设计。建议注意以下环节：

(1) 先独立地创造性地反复读课文（朗读、默读），写一段你对教材的感悟式解说，再从教学设计的角度写一段教材分析。

(2) 找几个学生，和他们一起合作备课。在和学生互动过程中，记下学生读课文的情况，记下他们对课文的体会和提问，听听他们对教学过程的建议。

(3) 写出本课的教学目标，并写出制定这些目标的依据。

(4) 写出教学过程的设计思路，包括希望在这一课的教学中试图体现的理念，教学内容和教学方法的选择、教学媒体的设计、教学环节的组织、作业的设计等等。

(5) 按照本章所建议的互动型教案的格式，写出教案。

第四章　小学识字与写字教学

在上一章里，我们从总体上讨论了小学语文教学设计和实施的方法与策略问题。接下来的几章，我们将具体讨论识字与写字、阅读、写作、口语交际和综合性学习的教学目标、方法与策略。

识字与写字是小学语文教学的重要内容。《标准》明确指出："识字写字是阅读和写作的基础，是 1～2 年级的教学重点。"从这一句话，我们能体会到识字与写字教学的意义及其在语文教学中的地位。

本章有什么

本章主要讨论以下几个问题：
- 汉语拼音教学目标、要求的变化
- 小学语文新课程汉语拼音教材的特点
- 汉语拼音教学方法的改革
- 汉语拼音在语文教学中的运用
- 小学识字与写字教学的目标
- 小学语文新课程识字与写字教材的特点
- 小学识字与写字教学的策略

学习目标

学习本章之后，希望你能做到：
- 明确《标准》中汉语拼音、识字、写字的目标，并能在教学中准确把握这些目标
- 了解你所用版本教材中汉语拼音和识字写字教材的特点
- 知道如何在汉语拼音教学中开展活动和游戏教学
- 掌握小学识字与写字教学的策略

第一节　汉语拼音教学

一　汉语拼音教学目标、要求的变化

具体目标(第一学段目标)是：能读准声母、韵母、声调和整体认读音节。能准确地拼读音节，正确书写声母、韵母和音节。认识大写字母，熟记《汉语拼音字母表》。

《标准》与过去的教学大纲相比，汉语拼音教学在功能定位、目标、要求上有明显的变化。从功能定位看，1992 年及其以前大纲的定位是帮助识字、阅读、学习普通话，2000 年颁布的试用修订版大纲和《标准》的定位是帮助识字、正音、学习普通话。《标准》在汉语拼音学习的目标定位方面，与试用修订版大纲一脉相承，即拼读音节而不是直呼音节，书写音节而不是默写音节。《标准》在评价建议里，也明确指出，汉语拼音能力的评价，重在考查学生认读和拼读的能力，以及借助汉语拼音认读汉字、纠正地方音的情况。由于对汉语拼音功能和学习目标定位的变化，从整体上看，汉语拼音教学的要求也有所降低。

二　汉语拼音教材的特点

与以往的汉语拼音教材相比，新课程实验教材在汉语拼音的内容编排和呈现方式上有以下几个特点：

(一) 加强汉语拼音与识字和发展语言的整合

加强整合是新课程的重要思想。《标准》在汉语拼音教学建议中明确指出，汉语拼音教学要"与学说普通话、识字教学相结合"。新课程实验教材在汉语拼音部分的编写上充分体现整合的思想。人教版教材在每一课的汉语拼音教材中编入了情境图、词语和儿歌，汉语拼音教学阶段要求认识 70 个常用字；苏教版教材在汉语拼音部分插入识字课，汉语拼音与识字教学交替进行，要求认识 80 个常用字，在每一课汉语拼音教材中编入情境图，在汉语拼音教材末尾编入汉语拼音儿歌（语境歌）；北师大版教材则先安排一段时间的识字，再在"字与拼音"的主题单元里安排汉语拼音的内容，里面编入了古诗、儿歌等课文，要求认识 49 个字，还安排了写字内容。这样编排，将汉语拼音学习与识字、学词、阅读、说话、积累语言紧密结合起来，不但丰富了汉语拼音阶段的学习内容，增强了初入学阶段语文学习的趣味性，而且有利于使各方面相互促进，整体提高学生的语文素养。

(二) 改进汉语拼音内容的编排

人教版教材在汉语拼音教学内容的组织与编排上，有所改进。比如，把声母 y、w 和整体认读音节 yi、wu 的学习内容提前，与韵母 i、u、ü 的学习整合到一起。这样编排有几个好处，一是简化头绪，节省时间；二是便于发现声母 y、韵母 i 和整体认读音节 yi，声母 w、韵母 u 和整体认读音节 wu 之间的内在联系，一次性地解决了他们的读音问题，有利于分清他们在书写上的不同；三是有利于在接下来的学习中提早安排带有声母 y、w 的常用音节或带有整体认读音节 yi、wu 的常用字、常用词语，如"复习一"中的 yīfu、ya，"jqx"一课中的"衣服"。又如，要求拼读的音节，大多直接呈现拼读结果，减少了展现拼读过程的射线形式。这样编排的好处是，增加学生和音节直接见面的机会，提高拼读音节的熟练程度。苏教版教材的汉语拼音儿歌也非常有创意。

（三）精心设计汉语拼音字母的表音表形图和与之相配的情境图

各版本教材在图形和图意的设计上都有改进和创新，不但重视图画与字母的"形似"，而且重视图画传达的人文精神，加上精心编写的儿歌，突出了情感态度价值观的渗透。比如，人教版教材中的"要是踩疼了小草，我就不跟你们好"（《轻轻地》），渗透了环境保护的意识；"小黄鸡，小黑鸡，欢欢喜喜在一起"（《在一起》），体现了团结合作、友好相处的精神；"接来台湾小朋友，到我学校玩一玩"（《欢迎台湾小朋友》），反映了盼望台湾回归祖国的愿望。又如，苏教版教材中的"小蚂蚁，要过河，乌龟伯伯把他驮"，体现了互相帮助的精神；"爱护大佛不要摸"，渗透了文物保护的观念；"忙把蝌蚪送回'家'"，渗透了保护小动物的思想。

（四）精心设计汉语拼音巩固练习和扩展练习

比如，人教版教材汉语拼音的复习、练习中，有区别形近和音近字母的题目，有进行思维训练的题目，有动手做一做的题目，也有与语言表达相结合的题目。该教材"复习二"中的"我会摆"，让学生用两根木棍，一条绳子或一只手来摆字母，不仅有很强的趣味性，而且有利于培养学生的想像能力和创造性思维能力。又如，苏教版教材在"j、q、x"一课中，让学生在剪纸和拼字母中分辨 b、p、d、q 四个声母的形状，既有利于调动学生的学习兴趣，巩固形近声母的认识，还锻炼了学生的动手能力。

（五）加强了汉语拼音学习与儿童生活的联系

比如，教材中的音节词语、句子或儿歌大都紧密联系儿童的生活实际。这样编排，既有利于使拼读的音节形象化，有助于巩固音节，又有利于引导学生观察生活、认识事物，密切语文学习和生活的联系。

三　汉语拼音教学方法的改革

根据《标准》对汉语拼音教学目标的定位、汉语拼音教学的"建议"和新教材的特点，我们在汉语拼音教学中，要重点注意以下两个问题。

（一）加强整合

汉语拼音教学要充分发挥教材的整合优势，使各部分内容相互配合，相互促进。比如，教学汉语拼音字母，可先利用教材中的情境图，引导学生从生活出发，利用生活语言中的声音引出字母，再利用拼音字母的表音表形图，认识字母的读音和形状，使汉语拼音字母的学习和生活中的语音紧密地结合在一起，让学生感受到汉语拼音不是抽象的，它就存在于我们的生活语言中。又如，音节的拼读和音节词语的拼读，音节和识字，拼音字母和儿歌的学习也可以有机地结合起来进行。可以先拼读音节，再读情境图中的词语，认识其中的汉字，再通过读儿歌进行音节和汉字的巩固；也可以先看情境图，进行说话练习，再让学生通过拼读音节，利用拼音认识其中的词语、生字，再在读词语和儿歌的过程中复习巩固音节。

需要指出的是，各版本教材在汉语拼音和识字、阅读等内容的整合方式上有所不同，教学要求和策略也有所不同。北师大版教材强调识字写字和阅读教学，汉语拼音教学逐步切入，并整合在识字与阅读中。苏教版教材识字与阅读交替进行，按照各自的目的和任务进行教学即可。人教版教材汉语拼音部分虽然整合了识字、学词、说话、阅读等多种内容，但首要任务还是学习汉语拼音，其次才是认汉字，再次是读儿歌、积累词语、发展语言等。汉语拼音教学的时间比较紧，教学时应突出汉语拼音这个重点。**认字**的要求不要太高，主要是能认识，**能读准字音**，这一部分使用频率极高的字，学生一般都能理解，不要在了解字的意思上浪费时间。儿歌主要是用来巩固认识拼音字母和音节的，让学生自己拼拼读读，或者老师带着读读就可以了，不要把它们当成课文来教。

（二）多采用活动和游戏的方式

《标准》在"教学建议"里明确指出，"汉语拼音教学尽可能有趣味性，宜以活动和游戏为主"。在实际教学中，由于不知道怎样设计活动和游戏，或者缺乏时间进行教学准备，许多老师仍然比较多地采用单调重复的教学方式。这里，我们提出设计汉语拼音活动和游戏的一些思路，供参考。

1. 活动和游戏的凭借

总的说来，老师们进行汉语拼音教学时凭借的媒体太少，太单一，一般就是靠卡片、挂图、小黑板等媒体。根据需要，还可以利用实物（纸、绳子、橡皮泥等）、多媒体课件、生活中的语言（语音）、自编的儿歌、音乐、肢体动作、游戏、趣味练习等等。

【案例1】

一位老师教 ie 和 üe 一课，课前简单画了两幅月亮图（弯月和圆月），再摘了两片树叶（不同形状），把它们藏在讲台下面。上课一开始，老师就说："小朋友们，老师今天给大家带来了一样好看的东西，想不想看?"老师神秘地拿出一片树叶，学生就七嘴八舌地说:"叶子，叶子!"老师说:"对，这是叶子，跟我说，叶子，叶子，叶，叶。我们把这个声音变一变，大家注意听，'ye'，'ye'，我们把这个声音用汉语拼音字母记下来，就是 ie [板书]，跟我读，ie，ie，ie。"在认识了韵母 ie 的音和形后，老师又说:"大家猜，老师今天还给大家带来了什么好看的东西?"等同学猜后，教师出示另一片树叶。学生很开心地说:"哈，还是叶子!"老师说:"谁能说说，这两片叶子有什么不同呢?"学生说:"这一片叶子边上有几个角，刚才那片叶子边上没有角。"在借助这片叶子引导学生巩固 ie 的读音后，学生略微显得有点松散了。这时，老师又说:"今天老师还给大家带来一样好看的东西，想不想看?"学生一听，马上又坐直了。老师拿出一幅画有一轮弯月的图片，学生又七嘴八舌地说:"月亮，月亮!"老师又用同样的方法，引出'üe'的声音，板书韵母'üe'并练习发音，然后又让学生猜还带来了什么东西，再出示画有一轮圆月的图片，当学生说出"还是月亮"后，老师问:"为什么说还是月亮呢?"一个学生说:"弯弯的月亮是月亮，圆圆的月亮是月亮，它们都是月亮。"说完，听课的老师都笑了，并给这个孩子鼓掌。

在这个片断的教学中，教师就凭借这两片叶子和两幅简单的图片，将生活语言和韵母的学习紧密结合起来，培养了学生的观察能力和口头表达能力，还深深地吸引了学生，在汉语拼音教学和课堂管理上都取得了良好的效果。

2. 活动和游戏的设计思路

活动方式举例:

(1) 动手:写、剪、描、画、涂、做

(2) 动口:说、唱、猜、讨论、编儿歌、编故事

(3) 动眼:看

(4) 动耳:听

(5) 动身:律动、表演

游戏的形式举例:

(1) 猜一猜

(2) 变魔术

(3) 找朋友

(4) 比赛

活动的组织形式有:

(1) 个人活动

(2) 小组活动

(3) 全班活动

【案例 2】

一位老师教学《j、q、x》一课，设计了下列活动和游戏:

1. 认识 j、q、x 音、形的动画。通过课件设计一个动画，出示 j、q、x 这几位 "拼音王国" 的 "新朋友"，显示 j、q、x 的表音表形图（字母和表形图先重叠再分开）。

2. 巩固认识 j、q、x 字母形状的活动和游戏。

（1）给 j 涂色。给每个同学印一个适当放大的 j，字母中间留空，四周勾边，让学生用笔涂色（让学生创造性地涂）。

（2）用 q 变魔术。剪一个放大的 q，上下左右翻转看，就变成了 b、d、p 等声母。教师可先示范变一个，其余让学生上台变。可以配上顺口溜："6 像 b，反 6d，9 像 q，反 9p。"

（3）剪声母 x。给每个学生印一个适当放大的 x，让学生剪出声母 x（学生自己发现快捷、巧妙的剪法）。

进行以上活动和游戏之后，练习书写 j、q、x。

3. 做 "找朋友" 游戏，练习拼音。如：j—i→ji，j—i—a→jia。可让一个同学上台扮演 j 或 a，把 i 和 a 发到各个小组里，做 "找朋友" 游戏。

4. 通过课件展示 "小猫钓鱼" 的游戏，认识 j、q、x 和 ü 相拼省略 ü 上两点的拼写规则。j、q、x 三只小猫钓到 ü 这条小鱼后，小鱼嘴上的泡泡就飞走了。配上顺口溜："小鱼小鱼有礼貌，见到 j、q、x 不吐泡。"

以活动和游戏为主的教学，要处理好活动、游戏和知识、能力的关系，活动和游戏要为掌握汉语拼音知识，提高发音、辨音、拼读和书写能力服务；要注意给每个学生参与活动的机会，要注意师生之间、生生之间的互动，重视学生在活动中的合作；要注意调动学生参与的主动性和创造性，比如学 d、t、n、l 时，可让学生仿照 b、p、m、f 的儿歌自己学编一段儿歌。

有条件的班级还可将学习汉语拼音和电脑打字结合起来。根据深圳市南山实验学校的试验，用这种方法教学汉语拼音，教师只需简单介绍声母、韵母、声调、音节及拼读的基本知识，就可让学生在练习打字（用智能 ABC 输入法，先练全拼，再练简码输入）的过程中逐步认识和巩固汉语拼音。由于学生对电脑操作很感兴趣，在轻松愉快地打字实践中，不知不觉就掌握了汉语拼音，还可通过打字提前练习写话，因此，这是一种趣味性强、省时、高效而有多种价值的汉语拼音教学方法。

我们在进行汉语拼音教学改革的时候，也要充分重视运用几十年来汉语拼音教学的有效方法。比如教师的示范就十分重要。教师自己要搞清楚汉语拼音的有关知识，要能够进行发音和拼音的示范，要明确学生在发音上的难点及难点的突破方法。

【思考与讨论】

根据实验教师的反映，在汉语拼音教学阶段，存在着两个主要矛盾：一是内容多、难度大、任务重与时间紧的矛盾，二是激发兴趣、建立规则与完成教学任务的矛盾。具体问题如：

教材在汉语拼音部分整合了识字、学词、读儿歌、看图说话等内容，如何处理汉语拼音与这些内容之间的关系？

汉语拼音教学需要的时间比较多，但汉语拼音教学时间如果拖得太长，又会影响整个学期教学任务的完成，如何处理这一矛盾？

汉语拼音教学宜以活动和游戏为主，而在班级学生人数多的情况下，开展活动和游戏又容易混乱，课堂纪律不好，教学任务又难以完成，怎么办？

如何让学生享有一定的自由，又让他们懂得遵守集体活动的规则？

请你结合上面这些具体问题以及我们在前面所作的提示，想想如何处理好汉语拼音教学中的两个突出矛盾。

（四）　汉语拼音在语文教学中的运用

汉语拼音作为识字和学说普通话的有效工具，被视为一根拐棍，伴随着学生语文学习的各个方面、各个阶段。但是，既然是工具，是拐棍，就不能把它作为学习的目的；如果过分依赖这根拐棍，不在适当时机，用适当的方式摆脱它，就会对学生的语文学习产生负面影响。因此，语文教学中，既要重视如何借助拼音的问题，也要注意如何摆脱拼音的问题。下面从借助拼音与摆脱拼音的角度，来讨论汉语拼音在识字、阅读、学说普通话和写话中的运用问题。

（一）　汉语拼音在识字中的运用

拼音与识字的关系极为密切，在《标准》的"阶段目标"中，汉语拼音就被放在了"识字与写字"部分。识字的方法和途径多种多样，但利用汉语拼音识字应该说是当代识字的基本途径。在当前的课堂教学中，也有一些老师对利用汉语拼音指导学生识字不够重视。一种情况是，没有充分引导学生利用拼音自主识字；另一种情况是，把识字教学的注意力集中在认清字形上，对读准字音要求不严，学生读音混乱，不仅严重影响了识字教学的质量，而且严重影响学生的朗读水平和普通话水平。

有两个环节需要强调：一是提醒学生借助拼音自学生字，要求读准字音。二是在检查自学效果时，利用拼音纠正学生读不准的字音。遇到生字中的读音难点，教师一定要及时出示拼音，加强示范指导，注意个别检查，如果让错误读音"先入为主"，纠正起来就难了。一位老师教"扎风筝"的"扎"（zā），备课时已经预计到该字在读音上是难点，所以在自制的生字卡片后面写上拼音，当学生读错时，及时翻过卡片，让学生仔细看看拼音再读，教师再进行示范和检查，有效地突破了难点。

学生借助拼音识字之后，就要注意如何摆脱拼音、巩固识字的问题。我们发现，在识字教学中，学生经常绕过字形，借助拼音直接将声音与事物（字义、词义）建立联系。比如，学生借助拼音认识了"面包、牛奶、火腿肠，牙膏、毛巾、洗衣粉，铅笔、尺子、作业本"这三组词语后，往往很快就背下了这些词语，但他们对词语中生字的字形并没留意，去掉拼音并打乱词语顺序之后，他们就不一定读得出来。所以，在教学中，一定要注意适时去掉拼音，打乱词语顺序或者词语中汉字的顺序（如"牛奶、奶牛"），以及让生字换个地方（如另组一些词语）让学生认读。在初读课文、巩固识字阶段，要注意出示一些不带拼音的句子或段落，让学生读准。

人教版低年级语文教材中，如果课文全文注音，则生字条中的生字不再注音，这为学生自查、互查以及教师抽查生字认读和巩固情况提供了一个便利的条件。但是，不少老师却让学生在自主识字时把生字条中的生字都注上拼音，使生字条失去了上述作用。

（二）汉语拼音在阅读中的运用

在过去一段时间的语文教学中，为了解决小学低年级儿童因识字少而不能尽早阅读并由此影响语言和思维发展的问题，而把阅读拼音读物列为教学要求。1978、1986、1992年的小学语文教学大纲，都鼓励有条件的学生逐步做到直呼音节，并明确指出汉语拼音在帮助阅读方面的功能。鉴于直呼音节的难度较大，而且根据实践经验，在小学低年级也可以通过多认字实现提早阅读，所以，2000年的新大纲和2001年的《标准》，都降低了汉语拼音教学的要求，不再把汉语拼音的学习目标定位在"帮助阅读"的位置上，只把它作为帮助识字和学习普通话的工具。

但是，在小学低年级语文教材，尤其是一年级教材中，由于学生识字量小，大多数版本都采用了全文注音的形式。学生在识字不多和识字不熟的情况下阅读课文，对汉语拼音有很强的依赖性。在初读课文阶段，学生一开始总是先借助拼音自学生字和生词，逐步把课文读通、读顺。从这个意义上说，在小学起始年级的初读课文阶段，汉语拼音帮助阅读的作用是客观存在的。

值得注意的是，课文全文注音容易给学生识字和阅读带来负面影响。学生在初学课文阶段（特别是一年级），由于不认识的字太多（包括本课要求会认的、本课不要求会认的、已经学过又回生的），他们往往直接看拼音读而少看或不看汉字，经过自读、听老师和同学读，几遍下来，课文已能大体记诵，对生字、词语、句子则不再留意。这既不利于本课生字的认记，也不利于以前所学生字的巩固。

这里有两个问题值得研究。一是课文的注音方式问题。有的教材直到三年级上册还有全文注音的课文，这是否恰当，值得商榷。在人教版教材中，九年义务教育试用教材一、二年级全部采取全文注音的方式，三年级起改为生字注音；试用修订版教材从二年级下册后半学期开始取消全文注音，改为生字注音；新课程实验教材在一年级上册、下册中都安排了两篇连环画式的不注音的课文，并从二年级上册开始取消全文注音的方式，改为生字注音（二年级教材在当页页脚的树叶、水果、小鱼等图案中列出生字并标注拼音，三年级起在课文中给生字注音）。北师大版课程标准实验教材在一年级上册先出现不注音的课文，然后注音与不注音并存，从一年级下册开始，主体课文不再注音，只在生字条中注音。从实践情况来看，二年级开始用生字注音取代全文注音，对培养学生借助拼音识字和直接看汉字阅读的习惯都有好处。而一年级究竟应保留多少全文注音的课文，需视课文中的生字多少而定。

另一个问题是，阅读全文注音的课文，应该如何让学生在"借助拼音"之后及时"摆脱拼音"。学生可盖住拼音读课文，或者自觉控制自己的眼睛，尽量不看拼音。教师也可用多媒体课件、投影片或小黑板出示不带拼音的句子或段落，检查学生的阅读情况。让学生扩展读一些生字不多又无注音的短文，也很有必要。

（三）汉语拼音在学说普通话中的运用

普通话是现代汉民族共同语，学习普通话是小学语文教学的重要内容。"能说普通话"被列入了《标准》的"总目标"。学习普通话有两条基本途径，一是口耳传授，二是利用汉语拼音。当前，按照《标准》的精神，汉语拼音教学的目标定位是拼读音节，而不是直呼音节，因此不可能通过阅读纯拼音读物来学习普通话。那么，如何利用汉语拼音来帮助学习普通话呢？

（1）在一年级上学期"汉语拼音"部分的教学中，要按照《标准》的要求，将汉语拼音教学与"学说普通话"结合起来。要引导学生注意将拼音符号与普通话语音联系起来。

（2）在各年级的识字教学中，要重视借助拼音指导学生读准字音。要努力做到课课过关，日积月累，"步步为营"。尤其是低年级，所学的字使用频率极高，如果掌握不好，将大大影响学生的普通话水平，而且问题越积越多，到中高年级则难以纠正。

（3）在朗读和口语交际教学中，要高度重视正音教学，不但要注意纠正方音，辨别一字多音，而且要注意音变。当然，从教学策略上说，如果学生语音错误太多，也不必"有错必纠"、"有错即究"，而要善于抓住重点。这样，既不至于使朗读和口语交际教学变得支离破碎，也有利于使正音教学取得实际效果。

（4）要通过有针对性的练习、作业，如分辨字音，读准词语，查字典等，使学生利用汉语拼音学习普通话。要让学生在头脑中逐步将汉字与汉语拼音建立起形象的联系，形成良好的正音意识和查字习惯，克服发音上的随意性。

应该说，利用汉语拼音学习普通话是行之有效的好方法。不过，课文采取按字注音的形式，对学习普通话也有一定的负面影响。首先，汉字本来就不按词连写，汉语拼音也不按词连写，学生很容易形成"念字"的习惯，并由此导致"唱读"、"唱说"的习惯。其次，按字注音的方式不利于普通话音变的教学。最突出的是儿化音，本来是两个汉字代表一个音节，由于按字注音，学生很容易把它读成两个音节。

在学生识字不多、不熟的情况下，出现"念字"式朗读是必然的。但是教师必须注意要求和引导学生在读通之后把课文读熟，在熟读阶段一定要注意按词语和语节停顿，并适当加快朗读速度。只有低年级老师加强这方面的训练，才能使学生克服"念字"、"唱读"、

"唱说"的习惯。至于儿化、轻声等音变问题，也需要教师从一开始就提醒学生注意，并及时做出示范。

（四）汉语拼音在写话中的运用

如果通过电脑打字提前练习写话，汉语拼音在写话中的作用就显得非常重要。除此之外汉语拼音在写话中的运用，主要限于用音节代替没学过的汉字。1992 年颁布的小学语文教学大纲指出，"低年级学生在写话的时候，可以用音节代替没学过的汉字。"在教学实践中，用拼音代替不会写的汉字，被广泛地运用于写话、组词、造句以及其他涉及写句子的作业，甚至手抄报、黑板报等等。

用拼音代替不会写的字,应该说是不得已而为之,也是一种暂时的过渡的办法。但是,由此也引起两个突出问题:第一,用拼音代替汉字必然要默写音节,这是难度很大的一项要求,多数学生做不到,即使写了,也会错误百出。第二,学生对汉语拼音产生了依赖性,学过的字一时想不起来就用拼音代替,不少学生到了中高年级习作时还继续用拼音代替不会写的字。这不利于学生巩固识字、写字,也不利于培养学生自主识字、写字的习惯。

从降低汉语拼音教学难度的角度出发，2000 年大纲和 2001 年的《标准》都删去了"低年级学生在写话的时候可以用音节代替没学过的汉字"这一要求（或者说建议）。但教师在教学中仍然普遍保留了过去的习惯做法。按照《标准》的要求，低年级要"多认少写"，学生会写的字比以前更少，写话时遇到不会写的字怎么办，这个问题比以前显得更突出。以下几点值得我们注意：

1. 教材在写话安排上要"适时"

人教版义务教育试用教材在一年级下册中已安排了大量的写话练习，除了写句子的单项练习之外，还要求"写几句话"；试用修订版教材在一年级下册很少安排写句子的练习，一般都改为"说句子"，写话主要从二年级上册开始安排；新课程实验教材也从二年级上册开始安排写话，要求"写几句话"，并且提出了写日记的要求。从课改实验区的情况来看，一些老师按实验教材的要求安排写话，虽然学生写话起步较晚，但由于综合素养较高，写话的质量也比较高，尤其在写话中表现出的创新意识、知识面、语言表达能力等，明显强于以往的同龄学生。

2. 教师在写话要求上要"适度"

不少教师对写话的要求比教材的安排要超前。按照以人为本的原则，如果学生能承受，这样做也未尝不可。但一些老师不考虑本班学生的接受能力，在一年级下学期就开始让学生写日记，学生在写话时感到难度大，而且需要用大量的拼音代替汉字。教材中一些说句子的练习，由于采用了"填空"的形式，一些教师就让学生说完之后写下来。这对控制学生的学业负担和保护学生的写话兴趣不利。这和一些地区教研部门提供的考试卷也有关系，考试卷对写话要求高，教师就只能拔高教学要求，对学生进行训练。此外，一些老师从一年级上册开始就让学生给生字书面组词，所组的词语中不会写的字很多，需要用拼音代替，学生感到压力大，也容易产生厌烦情绪。因此，起始阶段的扩词练习应以口说的形式为主。

3. 学生在练习写话时要"自觉"

随着年级的升高，应逐渐养成用汉字写话，少用或不用拼音代替的习惯。写话时遇到不会写的字，可以查查字典，或者问问老师、家长、同学，学过的字可以通过写话巩固，没学过的字也可自主识、写。

当然，以上所讲的"摆脱拼音"是就教学的一定阶段或者某个环节而言的，实际上，在语文教学中，借助拼音和摆脱拼音是一个循环往复的过程。什么时候要借助拼音，什么时候应摆脱拼音，需要师生根据教与学的需要灵活处理。

第二节　小学识字与写字的教学目标及教材特点

一　小学识字与写字的教学目标

《标准》"识字与写字"的总目标是："认识3500个左右常用汉字。能正确工整地书写汉字，并有一定的速度。"

为了便于看出识字与写字目标的内在结构和阶段性、连续性，我们把《标准》小学阶段三个学段的识字、写字目标列表如下。

表4-1　小学三个学段识字与写字教学目标

	第一学段(1~2年级)	第二学段(3~4年级)	第三学段(5~6年级)
情感态度	1. 喜欢学习汉字，有主动识字的愿望	1. 对学习汉字有浓厚的兴趣，养成主动识字的习惯	
识字写字量	2. 认识常用汉字1600~1800个，其中800~1000个会写	2. 累计认识常用汉字2500个，其中2000个左右会写	1. 累计认识常用汉字3000个，其中2500个左右会写
识字能力	6. 能借助汉语拼音认读汉字。能用音序和部首检字法查字典，学习独立识字	3. 会使用字典、词典，具有初步的独立识字能力	1. 有较强的独立识字能力
写字	3. 掌握汉字的基本笔画和常用的偏旁部首，能按笔顺规则用硬笔写字，注意间架结构。初步感受汉字的形体美 4. 养成正确的写字姿势和良好的写字习惯，书写规范、端正、整洁	4. 能使用硬笔熟练地书写正楷字，做到规范、端正、整洁。用毛笔临摹正楷字帖 5. 有条件的地方，可学习使用键盘输入汉字	2. 硬笔书写楷书，行款整齐，有一定的速度 3. 能用毛笔书写楷书，在书写中体会汉字的优美

二　对识字与写字目标的把握

（一）重视三维目标的整合

《标准》在每个学段都从"知识和能力"、"过程和方法"、"情感态度和价值观"三个维度来提出识字与写字的学习目标，体现了工具性与人文性的统一。比如，第一学段目标中，第一项"喜欢学习汉字，有主动识字的愿望"和第三项中的"初步感受汉字的形体美"，是侧重于情感态度的目标；第二、三项是侧重于"知识和能力"的目标；第四项是侧重于写字习惯的目标；第六项是侧重于"过程和方法"的目标。

《标准》在"课程目标"里特别强调主动识字的兴趣、愿望和习惯，在"评价建议"里也明确指出，要"关注学生日常识字的兴趣"，激发"学生识字写字的积极性"。在此基础上，强调逐步培养学生的独立识字能力，并注意在识字写字过程中感受、体会汉字的优美，提高学生的审美情趣。这对于学生识字、写字，学好语文，甚至对他们的终身学习都有着重要的意义。

【案例3】

一位老师教"聪明"一词时，让学生自由说说如何认、记这两个字。

生：两个字都是左右结构，"耳、总、日、月"以前我就认识，因此很容易记。

生：我这样记"聪明"，要想听得"明"白，"耳"朵"总"得竖着。

生：我发现"聪"字包括了人的四个器官——耳、丷（眼）、口、心。

师：是啊，耳、眼、口、心（古人以为人是用心思考，实际是用脑思考）这四件宝合成了一个"聪"字，这四件宝不能只用一次，要"日日"用，"月月"用，天长日久，就变得"聪明"了。

短短几分钟，学生不但创造性地用自己的方法记住了字形，体验到发现的快乐，而且受到了思想教育，体现了三维目标的整合。

（二）体现学习目标的阶段性和连续性

根据识字写字的规律和儿童心理发展的阶段性特征，《标准》在识字与写字量、识字与写字能力、识字与写字的侧重点等方面，都体现出阶段性特点。比如，对识字与写字能力的要求，第一学段是"学习独立识字"，第二学段是"有初步的独立识字能力"，第三学段是"有较强的独立识字能力"，层层递进，层次分明。另一方面，各个学段的目标又不是相互割裂的，而是相互联系在一起，后一学段的目标在前一学段目标的基础上提出，并为下一学段的学习奠定基础。比如，没有第一学段的"认识常用汉字1600～1800个"，第二学段的"累计认识常用汉字2500个"就无法实现。又如，如果在第一学段没有"养成正确的写字姿势和良好的写字习惯"，在第二学段就难以做到"使用硬笔熟练地书写正楷字"，难以做到"书写规范、端正、整洁"；没有第二学段的"熟练地书写"，第三学段也难以做到"有一定的速度"。

（三）明确"多认少写"的指导思想和"认识"、"学会"两种目标

根据低年级学生的身心特点，《标准》设定识字与写字目标的一个重要指导思想，就是"多认少写"（主要指低年级），实行"识写分开"，明确"认识"和"学会"两种要求。这样做的好处主要是：第一，"多认"有利于学生尽早、尽快、尽可能多地认字，以便尽早进入汉字阅读，更好地发展语言，发展思维，丰富情感，开阔眼界。第二，"少写"有利于适应孩子手部肌肉的发育，减轻儿童的学习负担，保证儿童的健康成长。第三，"识写分开"是"多认少写"的必然结果，也有利于根据汉字的难易程度科学安排写字教材，循序渐进地进行写字指导，提高写字实效，避免因"识""写"相互掣肘而出现既识不快又写不好的结果。

应该说，"多认少写"，"识写分开"，分"认识"和"学会"两步走，这一思想并不是从新课程实验才形成，也不是从新课程实验才开始实施的，只是在这次新课程实验中，这一思想得以更加明确地提出，这一策略得以系统地实施罢了。

早在20世纪50年代初学习苏联时期，有关专家看到苏联的小学语文课本（阅读课本）比我们的课本厚，阅读量比我们的大，就对我们的低年级学生如何尽快开展阅读，扩大阅读量的问题进行了研究，并提出了低年级以识字为重点的主张。1950年《小学语文课程暂行标准（草案）》讲到，"第一学年初教生字，不可硬教学写；要先认识了，到能写时再学写"。

1978年大纲（1980年第2版）指出："对前三年讲读课文里出现的生字，提出两种不同的要求。一部分要求掌握，另一部分不要求掌握，只要能借助汉语拼音读出字音，大体懂得在词句中的意思就可以了。以后出现时，根据教材的安排再要求掌握。这样做，有利于编选内容比较丰富的课文，提高学生的阅读能力，也有利于培养学生的识字能力。"

1986年大纲指出："在小学阶段，要使学生认识常用汉字3000个左右，其中要求掌握2500个左右。前三年完成大部分识字任务（认识2400个左右，其中80%要求掌握）。"这里所说"2400字左右"中的80%，大致说来，也就是1900个左右。

1992年大纲（1993年起试用）根据一些教学改革实验的经验，强调充分发挥汉语拼音的多功能作用，强化汉语拼音帮助阅读的功能，在识字教学要求上，只提出"学会常用汉字2500个左右"（六年制小学低年级为1150字），不再强调"认识"汉字的要求。但是，教材编写和实际教学中，仍然采用了分类要求的策略。教材中只列出要求"学会"的生字，只要求"认读"的字即所谓"二类字"，只在课文中随文注音，不再统计列出。

2000年大纲在识字要求的提法上已与2001年的《标准》完全一致，小学阶段识字写

字的总量也完全一致，只是第一学段识字与写字的量略有不同。2000 年大纲要求小学阶段认识常用汉字 3000 个左右，学会其中 2500 个左右，做到会写，并了解在具体语言环境中的意思。低年级要求认识常用汉字 1800 个左右，其中 1200 个左右会写。《标准》在小学阶段（前三学段）要求认识常用汉字 3000 个左右，其中 2500 个左右会写；小学低年级（第一学段）要求认识 1600～1800 字，会写其中的 800～1000 字。显然，《标准》低年级写字量比 2000 年大纲要低，体现了"少写"的要求。

从以上分析可以看出，"认识"和"学会"的提法，在《标准》之前的 2000 年版大纲里已经出现；"认识"和"学会"（"掌握"）分开的思想，1978 年大纲已明确提出，此后的教材和教学也一直在实施着。《标准》要求"学会"的字与过去大纲要求"学会"或"掌握"的字，要求上大致相当（《标准》要求略低），数量上大体一致（《标准》低年级的量略小）。《标准》要求"认识"的字，要求上大体相当于过去大纲要求"认识"的字或者教学中所谓的"二类字"（《标准》更明确一些），数量上也相差不大。

有研究者说："《标准》把第一学段的识字量由原来的 1250 个增加到 1600～1800 个，恢复到建国以来低年级最高的识字量，以满足学龄初期儿童阅读的需求。"[①] 这个说法是错误的。这里所说的"1600～1800 个"，显然是指《标准》第一学段要求"认识"的字数。"1250 个"指的是什么呢？据我们分析，应该是指 1992 年大纲中五年制小学一、二年级要求"学会"的字数之和（一年级 450 个，二年级 800 个）。这两个数字，一个是要求"认识"的，一个是要求"学会"的，一个是六年制一、二年级的，一个是五年制一、二年级的，根本不能进行比较。1992 年大纲六年制小学低年级要求"学会"的汉字是 1150 个（一年级 400 个，二年级 750 个），但这个数字也不能和"1600～1800 个"相比，如果要比，只能和《标准》第一学段要求"学会"的"800～1000 个"相比。《标准》要求"认识"的"1600～1800 个"，如果要比，应该和 1978 年、1986 年大纲中要求"认识"的字数相比。

人教版新课程实验教材培训资料中，在谈到一、二年级识字、写字量的安排时也说："和以往教材相比，实验本将认字速度差不多提早了一年。"[②]

看来，对"多认少写"、"识写分开"的历史发展问题，确实存在着一些模糊认识。

另外，对"认识"和"学会"具体要求的理解，也还存在着一些模糊认识。关于"认识"和"学会"的具体要求，《标准》并未明确。《标准》在"总目标"里只说"认识常用汉字 3500 个左右"，在"阶段目标"里只说"认识"多少字，其中多少个"会写"。新课程实验教材也按"会认"和"会写"来分列生字。难道"会写"就是"学会"了吗？这容

---

① 倪文锦．小学语文新课程教学法．北京：高等教育出版社，2003.78～79.
② 小学语文课程教材研究开发中心．义务教育课程标准实验教材·语文（一年级）培训资料．北京：人民教育出版社，2002.26.

易引起误解。好在《标准》"评价建议"里提到，"评价识字要考查学生认清字形、读准字音、掌握汉字基本意义的情况，以及在具体语言环境中运用汉字的能力"，这可以看作是对"学会"的要求。相比之下，《标准》对"认识"、"学会"（"掌握"）的表述不如过去的大纲那样明确。

在新课程低年级语文教学中，老师们在对"认识"和"学会"两项要求的把握上，确实出现了一些混乱。

1. 对"学会"的理解模糊不清，"学会"的要求难以落实

由于《标准》和教材中只强调"认识"和"会写"，教师教学用书里的"教学建议"也主要是对要求"会认"的字提认字、记字的建议，对要求"会写"的字提写字指导的建议，因此，老师们对"会认"的字，就抓认字、读字、记字，对"会写"的字就抓写字，至于"掌握汉字基本意义的情况，以及在具体语言环境中运用汉字的能力"的要求，则没引起足够的重视，甚至有些落空。有的老师在教学要求"会认"的字时，为了巩固认字、记字，让学生组词（找朋友），有的老师则在教学要求"会写"的字时，在写字本上让学生书面组词，有的老师则基本不考虑理解字义和运用汉字的问题。

2. 对"认识"的理解模糊不清，"认识"的要求偏高，负担较重

对只要求"认识"不要求"学会"（"掌握"）的生字，1978 年大纲（1980 年第 2 版）中说，"另一部分不要求掌握，只要能借助汉语拼音读出字音，大体懂得在词句中的意思就可以了"，这里指出要大体懂得生字在语言环境中的意思。后来对所谓"二类字"的要求则比较低，一般限于能认出并读准字音。2000 版大纲明确指出，"会认的字，只要求读准字音，不抄不默不考"。在新课程实验中，有的教师拔高了"会认"的要求，一种情况是为了记字而让学生做繁琐的字形分析，另一种情况是在理解字义上要求较高。苏教版新课程实验教材一年级下册教学参考用书的"说明"里明确强调："所谓'认识'，是指读准字音、认清字形、能初步结合词语理解字义，只是不要求书写而已。其要求与以往的'二类字'有所不同。"该版本二年级上册、二年级下册教学参考用书的"说明"又说"只是不要求会默写而已"。①

《标准解读》对"认识"和"学会"两种要求有一个明确的说法："要求认识的字，只要求认识——在本课认识，放到其他语言环境中也认识，不抄，不默，不考。要求学会的字，以往强调'四会'——会读，会写，会讲，会用。现在调整为会读，会写，了解字词在语言环境中的意思，逐步做到能在口头和书面表达中运用。教学中再也不要花费大量的时间，让学生抄、背词语注释，测试时也不要考词语解释。"②

我们认为，《标准》应该对"认识"和"学会"两项要求做明确的解释，教材也不宜

---

① 义务教育课程标准实验教科书语文教学参考用书 . 南京：江苏教育出版社，2002，2003
② 语文课程标准研制组 . 全日制义务教育语文课程标准（实验稿）解读 . 武汉：湖北教育出版社，2002.52.

只突出"会认"和"会写"两个方面。教学中,对于在何处落实理解字义和运用生字的问题,应该允许有一定的灵活性,但是必须有一个落实的地方,不能落空。如果教材安排"认识"的字偏多,学生识字和巩固识字压力大,就可在教学这些字时,只抓整体上认清字形和读准字音(相当于过去"二类字"的要求),把字义放到要求"学会"时,和写字一并落实。而运用的问题,可以在教学生字时适当兼顾,也可以在以后的学习中逐步落实。

【思考与讨论】

从上面的讨论我们发现,人们对以下几个问题在认识上还存在着较大的分歧,请结合我们上面的分析,谈谈你对这些问题的看法。

对要求"认识"的字,应该把握在什么程度上?要求"认识"的字和以前的"二类字"有什么区别?

理解字义和运用生字的问题应该在何处落实?落实到何种程度?

三 新课程识字教材的特点

与以往识字教材相比,新课程识字教材(以低年级为例)有以下几个明显特点:

(一)采用多种识字途径

除了随课文识字和单编识字课集中识字这两条基本途径外,实验教材还采用了在发现活动中识字,在听读中识字,在课余生活中识字等途径。比如,人教版实验教材在"语文园地"里开辟"我的发现"这个栏目,低年级全部让学生发现汉字的规律,发现识字的方法,既调动了学生主动识字的积极性,培养学生独立识字的能力,又增加了新的识字途径。北师大版实验教材安排了许多听读识字的内容。北师大版和人教版实验教材都安排了许多引导学生在生活中识字的内容,比如看标牌识字、看商标识字、看电视识字、看书报识字等等。

(二)综合运用多种识字方法

各种识字方法各有长短,适用于不同的汉字和儿童识字的不同年龄阶段。识字教学方法和策略的多元化,就是为了发挥各种方法的优势,避免其不足。因此,各套实验教材都注意吸收我国传统识字教学的经验,注重吸收近几十年来各种识字教学实验的成果,博采众长,并加以发展。除了集中识字和分散识字这两种基本方法外,还运用了注音识字、韵语识字、字族文识字、字理识字、听读识字、游戏识字等方法。就识字的凭借来说,除了借助拼音、借助上下文(猜字)以外,借助图画(包括连环画)、借助字典、借助电脑(比如打字)、借助生活经验等方法也被教材采用。就集中识字来说,教材也超越了以前

"基本字带字"、"归类识字"的模式，识字形式更加生动活泼，为识字而编写的材料也更加注重韵律感和文化内涵。

（三）单编的识字教材形式多样，内涵丰富

比如，苏教版的识字课文主要是精心编写的"词串"，这种形式借鉴了传统识字教材的呈现方式和古典诗词的艺术手法，将意思相关的词语集中在一起，排列整齐，押韵上口，内涵丰富，具有整体性、形象性和可读性的特点。又如，人教版实验教材一年级下册的8课识字课，就有四字词语（识字1）、三字经（识字2）、对子歌（识字3、识字7）、小动物儿歌（识字4）、谜语（识字5）、数量词歌（识字6）、谚语（识字8）等多种形式，而且每一课的识字课文都合辙押韵，富有教育价值。

（四）重视探究发现汉字规律，培养独立识字能力

比如，人教版低年级教材在"语文园地"里的"我的发现"，就是引导学生发现汉字规律、掌握识字方法的练习；北师大版则更多地采用了字理识字的方法，让学生认识汉字的构字规律并学会类推，迁移运用，提高独立识字能力；苏教版教材中的看图会意识字、转转盘识字等也体现了找规律、悟方法的思想。

第三节　小学识字与写字教学的策略

一　小学识字教学的策略

《标准》在"教学建议"里强调："识字教学要将儿童熟识的语言因素作为主要材料，同时充分利用儿童的生活经验，注重教给识字方法，力求识用结合。运用多种形象直观的教学手段，创设丰富多彩的教学情境。"

根据《标准》识字教学的目标和上述教学建议，我们在识字教学中要注意以下几点。

（一）根据"认识"和"学会"两种要求，采取相应的教学思路

要求"会认"的字，要多让学生从整体上认记，不要做繁琐的字形分析。老师们习惯上让学生说说"怎样记住这些字"，要注意引导学生说一些比较简单、巧妙的办法，可让学生在小组里说一说，再挑选出最巧妙的办法在全班介绍。这样的安排要适可而止，否则学生就会越说越繁琐，使简单问题复杂化。要求"学会"的字，要让学生认真分析字形，观察汉字在田字格里的摆布情况，记住书写笔顺，还要结合语言环境和生活经验大致了解字的意思。在一篇课文中，既要求认识又要求学会的字，可以在学习认字时分析字形，也可以在写字时分析字形。对要求"认识"的字，要重视"正音"，对要求"学会"的字，

要重视"正字"。

【案例4】

下面是一位老师在阅读教学中进行识字教学的一个片断。

一位老师上《胖乎乎的小手》一课，在黑板上贴出要求会认的字后，让学生说说"怎样记住这些字"。学生先后发言：

"我这样记'张'字，我看过《少年张山》，'张山'的'张'就是这个'张'。"

"我用猜谜语的办法记'胖'字，'半个月亮'就是'胖'。"

"我这样记'刚'字，我叫'刘俊杰'，把我那个'刘'字左边换成'网'（作者注：应为'冈'）字，就是'刚'。"

"我这样记'等'字，上面一个竹字头，中间一个'土'，下面一个'寸'，就是'等'。"

"我这样记'替'字，太阳上面两个人，是一对夫妻。"

"我这样记'墙'字，左边一个土字旁，右上边是把'来'字去掉下面，右下边再加个'回'字，就是'墙'。"

"我这样记'帮'字，我认识'春'字，先把'春'字去掉右边那个捺和下面的'日'，右上边再加个耳朵旁，下面再加个'毛巾'的'巾'，就是'帮'。"

"我这样记'喜'字，中间是个'豆'字。"（老师补充：十个豆豆进入口，这个办法好）

从这个案例中我们发现，教师没有注意引导学生从整体上认记，也不注意适可而止，结果越说越繁琐。其实，前面四个同学的发言还算说得过去，说到"等"字就应该"刹车"了。

（二）根据教材特点确定教学内容和教学思路

单编的识字课文，往往具有集中识字的特点，其中的生字大多在字的音、形、义上有一定的规律性。比如，苏教版实验教材二年级上册《识字3》先通过图画显示"笔、灶、尖、歪、尾、看"的意思，再配上含有这几个字的《宁宁是个小画家》这首儿歌，目的是让学生发现和体会会意字的构字特点；《识字4》则是形声字归类识字，先通过转盘出示"苗、猫、锚、喵、描、瞄"等字的构字特点，再出现含有这几个字的词语和绕口令儿歌，让学生在语言环境中分清这些字的字形和字音。又如，人教版实验教材一年级下册《识字3》是三段对子，其中的生字有着明显的规律性，如"雾、霞、霜"，"李、杨"，"蜂、蝶"，"朝、夕"等等；《识字4》是一首有关小动物的儿歌："蜻蜓半空展翅飞，蝴蝶花间捉迷藏。蚯蚓土里造宫殿，蚂蚁地上运食粮。蝌蚪池中游得欢，蜘蛛房前结网忙。"这一课的生字大都是带有虫子旁的字，而且大都成双成对，如"蜻蜓、蝴蝶、蚯蚓、蚂蚁、蝌蚪、蜘蛛"等。再如，北师大版实验教材二年级上册《识字（一）》主要是集中学习带有"宀"和"穴"、"广"和"厂"、

"门"和"户"等偏旁的字。教学时要重视引导学生自己发现生字的规律，体验发现的快乐，培养识字的兴趣，也要引导学生利用这些规律识字，培养独立识字能力。

单编的识字课，要突出识字，在课文朗读感悟方面应简略一些。但也不能简单地把生字抽出来，脱离课文进行枯燥的识字。新课程教材中的识字课，往往具有丰富的人文内涵，语言韵律感也很强，要重视让学生朗读、诵读，适当进行感悟语言和积累语言的训练。

阅读中的识字，属于分散识字，要重视利用上下文，把识字和阅读结合起来，在整合的学习中完成识字写字和朗读感悟两方面的任务。生字的呈现方式应该灵活多样。课题中的生字，可在揭示课题时呈现。课文中的生字，可以在初读课文时遇到不认识的字就做个记号，再让学生根据课文后的生字条在课文中勾出要求认识的字。可以让学生看着生字条自主认字，合作认字，也可以把这些生字通过生字卡片或课件呈现出来集体讨论认记，还可以在学习课文的过程中逐步熟悉生字直至完全认识。可以挑出生字单独认记，也可以挑出含有生字的词语或句子进行认读。可以先在初读课文的过程中初步认识生字，然后单独抽出生字认一认，再回到课文进一步巩固认识；也可以先让学生在初读课文、细读课文的过程中自主认字，再根据学生认字的情况，挑出没有认会或记得不牢的字，进行有针对性的认记、巩固和检查。

【思考与讨论】

上面我们从识字教学的一般方法角度提出了如何根据教材特点确定教学内容和教学思路的问题。但具体到某一课来说，情况又会复杂得多。请你从上面所举的识字课（或者其他课文）中选择一课，认真分析教材的特点和编写意图，具体思考如何确定教学内容和教学思路。注意思考以下问题：教材中的生字有什么特点、规律？如何让学生探究发现这些规律并利用这些规律学习独立识字？识字和读课文如何结合？生字如何呈现？学生是否认识了其中的部分生字？如何通过活动并结合生活实际来识字和巩固识字？如何检查学生掌握生字的情况？写字应该怎样安排，怎样指导？

（三）灵活运用多种识字方法识字

要特别注意运用以下几种识字方法：

1. 借助拼音识字

尤其是初读课文时，要注意让学生利用拼音自主识字、读文；认读生字时，要重视利用拼音进行正音。

2. 利用图画或直观教具识字

比如，利用图画及汉字在古代的字形认识象形字；借助插图认识"一串葡萄。的

"串"；出示一支毛笔，让学生仔细观察，由此认识"笔"字。

3. 在语言环境中识字

重视利用上下文识字，通过组词语、说句子识字，在扩展阅读中识字。

4. 在活动和游戏中识字

这种方法具有直观性、趣味性，符合儿童的认知规律。可以利用多媒体课件识字，也可以利用生字卡片识字。可以让学生自主识字，也可以让学生合作识字。折纸拼字，剪字拼图，写写画画，儿歌识字，玩巩固识字游戏（如找朋友、摘苹果、玩字卡等），玩猜字游戏（如人体造型、用手在背上书写），办识字小报等等，都是儿童喜欢的方式。

5. 结合生活经验识字

比如，结合"贴"的动作认识"贴"字；结合生活中看到的"电影院"、"摄影中心"等认识"影"字；结合生活中的"雪碧"、"蜂王浆"等认识"碧"、"蜂"等字；结合生活中作为天气现象的霜、冰箱里的霜或者"西瓜霜"的"霜"认识"霜"字。

（四）重视培养学生的独立识字能力

要引导学生探究、发现汉字的构字规律，领悟识字方法，并运用学到的方法自主识字。要训练学生利用拼音识字、查字典识字、利用构字规律识字、利用熟字认识新字（比如利用学过的"木"和"体"认识"本"字）、借助图画和上下文猜字、利用生活经验理解字义的能力。教学中要注意引导学生先自学生字，再进行有针对性的指导。比如，有些课文中要求会认的生字是学生见得比较多的字，甚至根据调查了解，学生已经认识了其中的一些字，教师就可以通过同桌互相指认等形式，让学生抽取出不会认的字，自己想办法认会并记住，再在读课文时检查自学生字的效果。中高年级更要重视学生主动识字的意识和自主识字的能力，不能还按低年级的教学方式一个字一个字地教。当然，也不能撒手不管，而应适当组织展示、交流和检查。还要经常开展生活中自主识字的汇报、交流、展示活动。教学中既要发挥学生识字的主动性和创造性，也要发挥教师的示范、引导、指导作用。

【案例5】①

北师大版实验教材二年级下册第七单元《丁丁冬冬学识字（二）》既是归类识字，又是学习音序查字法的第一课。说实在的，一到学习《丁丁冬冬学识字》时，学生的积极性就一落千丈——没有了生动有趣的故事情节，没有了喜怒哀乐的感情宣泄，整堂课都显得死气沉沉。如何在有限的时

① 姜冕．丁丁冬冬学识字（二）教学案例．语文课程标准理解与实践（小学阶段）．青岛：青岛出版社，2002. 245～247.

间内使孩子快乐、高效地完成基本知识的学习和基本技能的训练，为独立识字打下坚实的基础，是我一直苦苦思考的问题。要想引起孩子的兴趣，必须从他们感兴趣的东西入手。我发现许多学生对一些卡通粘贴爱不释手，何不设计个可爱的卡通人物，带着孩子们一起学习呢？于是"小勇"诞生了。我以"小勇"的活动为主线，创设了几个关联情境，将本课知识的学习和基本技能的训练贯穿其中。果然，一开课学生的心就被"小勇"牢牢地抓住了。下面是一个教学实录片断。

师：小勇要去游泳，给妈妈写了张留言条，可他游泳的泳字不会写，该怎么办呢？

生：问别人。

生：查字典。

生：用音序查字法。

师：那我们帮他查查吧！

生：老师，在 590 页。这一页有这么多 yǒng 字，到底是哪一个呢？

师：你们想想办法吧！

生：老师，游泳是在水里，所以一定是三点水旁的。

生：老师，这里有两个带三点水旁的字！

师：那究竟是哪一个呢？

生：(继续看字典) 老师，这个泳字后面有一个词就是"游泳"，而另一个涌字后面写着：水或云气冒出来。所以一定是"泳"字。

师：同学们看看是这样的吗？

生：对。大字的后面那一行行小字都写着呢！

师：那一行行小字就是对这个字的解释，叫义项。现在你能总结一下怎样从一批同音字中找出自己需要的字来吗？

生：可以看偏旁猜字义。

生：可以看看字的义项。

生：可以看看义项里有没有这个词。

师：你们总结得真好，我们可以通过看偏旁和看字义相结合的方法从同音字中找出自己需要的字来。连老师都没有想到可以看看义项里有没有这个词，这个办法有时会很方便。

（五）通过多种途径、采取多种方式巩固识字

在"多认少写"、"识写分开"的情况下，如何巩固所认的字是摆在实验教师面前的一大难题。多跟生字见面，多复习是主要的办法。1956 年小学语文教学大纲（草案）就指出："识字的巩固主要是靠多次的反复。反复的形式：一是重见，在课本的课文里和练习里多次出现教过的字；一是复习，复习教过的课文，教新课的时候检查儿童是否已经掌握教过的字；一是运用，阅读课外读物，多跟教过的字接触。这些方式，教师要在教学工作中充分利用。有些字是没有在课本的课文和练习里反复出现的，教师要善于设计一些练习，让儿童跟这些字多见面，求得巩固。"这些建议和要求在今天仍然适用。

在教学中，用生字卡片复现、检查或者抄写、听写都是老师常用的方式，除此之外，要提供多种情境让生字与学生反复见面，要在教学各个环节和课余生活中巩固识字。在识字和巩固识字的教学活动中，一般可安排以下几个基本环节：借助拼音认一认，去掉拼音认一认，打乱顺序认一认，回到课文认一认，换个地方认一认，做做游戏认一认，扩展阅读认一认。识字的检查，一般可采用以下几种形式：全班一起查一查，学生自己查一查，同桌互相查一查，组长带领查一查，教师重点查一查，家长在家查一查。要注意创设巩固识字的环境；注意和家长沟通，让家长在家里协助孩子巩固识字；一个单元学完之后，要注意阶段性检查（可以是抽查）巩固，如果复习不及时，就会加大巩固的难度，都等到期末才复习，就会加重学生的负担。在寒暑假中，也要注意适当布置一些识字和巩固识字的任务。

（六）对识字量的要求具有弹性和灵活性

(1) 提倡"下要保底上不封顶"。
(2) 课内识字不足可用课外识字补。
(3) 识字教材顺序可以调整。
(4) 对回生的字允许学生在今后的读写实践中逐步巩固。

二 小学写字教学的策略

【思考与讨论】

有人认为，现在计算机逐步普及了，今后写字的机会越来越少，写字教学不那么重要了。你对这种观点怎么看？

写字是语文教学中的重要内容。写字不仅在一定程度上反映一个人的语文水平，而且从一个侧面反映出一个人的文化素养；写字不仅有利于巩固识字，也有利于培养集中注意、做事耐心细致的习惯和审美能力。我们应该全面认识写字教学的功能和意义，高度重视写字教学。

写字教学要注意以下策略：

1. 准确把握写字教学的目标、要求

《标准》把"写字"的总目标定为"能正确工整地书写汉字，并有一定的速度"。在"阶段目标"和"评价建议"里特别强调养成正确的写字姿势和良好的写字习惯。在写字教学实践中，老师们普遍在如何写得漂亮、美观上要求较高。其实，作为小学写字教学的一般要求来说，应该重在正确和工整，对一般学生而言，可以在要求他们写得正确、工整的基础上，鼓励他们努力写得好看些；至于书法艺术方面的要求，可以作为学有余力或有书法爱好的学生的个性化发展目标。《标准》在第一学段提出"用硬笔写字"，"初步感受汉字的形体美"；在第三学段提出"能用毛笔书写楷书，在书写中体会汉字的优美"。要注意《标准》提的是在书写过程中"感受"、"体会"汉字的形体美，不应不切实际地在审美方面拔高要求；而且不同的学段要求有所不同，应该随着年级的升高逐步加以落实。1950年《小学语文课程暂行标准（草案）》就指出："写字教学，以实用为原则，注重写得正确、清楚、干净和迅速为目标，不宜太重美化。"这一意见至今还值得我们参考。

2. 注意学生的个别差异

写字要保证基本训练，严格要求，但也要注意个别差异，对暂时达不到要求的学生要仔细分析原因，区别对待，不能急于求成。

3. 不要把写字仅仅当成一项作业

有的学生把写字过程当成是完成老师布置的任务的过程。有的孩子在习字册上已经写完了字，但所写的字还认不完。有的孩子为了"完成"作业，写字很不认真，不但写字能力难以提高，还养成了不认真写字的坏习惯。我们建议，老师一定要让学生把字认会了、记住了再写，在写的过程中进一步巩固记字。1956年《小学语文教学大纲（草案）》指出："写字教学要注意自觉性原则。要让儿童每写一个字，不仅知道它的笔画形体，还要知道它的读音和含义。有的写字作业，还可以让儿童写一个一个的词。在写字教学的初步阶段，儿童写完一个字或一个词以后，要让他们读一读。离开了自觉性的原则，把写字变成无意识的临摹，只会写，不知道写的是什么，这就降低了写字教学的效率。"这些建议至今还值得我们借鉴。

4. 全面落实"学会"的要求

要求会写的字，实际是要求学会的字。要注意巩固认读，了解字在语言环境中的大致意思。

5. 重视引导学生观察汉字，发现字形的规律

要注意本课生字之间，本课生字和熟字之间的内在联系，注意辨别和迁移。写前要认真观察字形特点，观察字在田字格里的位置，写后也要和范字对比起来观察，进行反思。

6. 尽量在语言环境中练习写字，注意在实际应用中练习写字

写字要尽量连词书写。注意让学生在写话、习作、写作业、记笔记、考试等书写实践中把字写好，做到提笔即练字。叶圣陶先生在回答老师关于练字的问题时曾指出："咱们天天为了实际需要而写字，其实是天天在练字，更不必特别划出练字的时间。假如特别划出练字时间，可能引起这样的想法，练字是'练'，要认认真真，为实际需要而写字不是'练'，无妨马虎点儿。这样的想法很不对头，练字的唯一目的，不正是要在实际应用的时候写得好些吗？"他还指出："也许有人会说，为了实际需要而写字总要写得快些，都像练字那样写，不嫌太慢吗？这里头仿佛看出了写得好与写得快之间有点儿矛盾。……要是实

际应用的时候跟练字的时候一样认认真真地写，固然慢一点儿，但是久而久之，成为习惯，写得比较好就靠得住了，而熟能生巧，越熟越快，这就达到快与好没有矛盾。"①

7.加强集体示范指导和个别化示范指导，重视写字展示、交流和相互欣赏

需要强调的是，教师坐在学生的座位上，用学生的笔，在学生的本子上示范写几个字，会产生多种效应。这样做，不仅对学生掌握执笔方法和运笔方法很有启发，而且有利于调动学生写字的积极性，增强写字指导的说服力。

8.重视写字姿势和习惯的养成

由于身体发育的原因，低年级儿童要完全达到"三个一"（眼睛离本子一尺，胸部离桌子一拳，握笔处离笔尖一寸）的要求，实际上是有困难的。其中最关键的是握笔处离笔尖的距离，如果按照一寸的要求，孩子比较难控制运笔；如果离笔尖太近，握笔太低，头和身子就只能凑近本子，才能看见要写的字。因此，我们的建议是，刚开始时，如果学生达不到"一寸"的要求，特别是一些年龄偏小的学生，握笔稍微低一点是允许的，但绝对不能太低。对于不正确的写字姿势，必须不厌其烦地提醒，否则将既影响到写字质量，又严重影响孩子的身体健康。一定要让孩子养成专心、静心、耐心、认真、细致、注意整洁的写字习惯。还要注意引导孩子处理好写字质量和速度之间的关系。有的孩子写得太快，但写得很不好；也有的孩子写字像雕花似的，总是擦来擦去，改来改去，速度太慢。写字"过分认真"，不但影响到写字速度，而且影响到整个作业的速度，考试时也总是做不完，后果是极其严重的。

9.科学安排写字时间和写字遍数

小学生尤其是低年级儿童一次写字的时间不宜太长，一个字以写两三遍为宜。低年级原则上每节语文课都要练习写几个字。一课的生字可以根据生字的特点分成两部分，分别在两课时里练习写。

思考与练习

1.从新课程汉语拼音教材中选择一课，进行活动和游戏的设计。

2.结合自己和他人的教学经验，列举出若干种识字方法和巩固识字的方法。

3.列举学生在生活中自主识字的途径，并说说如何系统进行生活识字的设计、引导和展示。

4.从新课程实验教材中选择一节识字课，分析教材并说说设计思路。

---

① 叶圣陶.叶圣陶教育文集（第三卷）.北京：人民教育出版社，1994.197～198.

第五章　小学阅读教学

《标准》指出："阅读是搜集处理信息、认识世界、发展思维、获得审美体验的重要途径。"这句话，既点明了阅读对于一个人学习、发展和生活的重要意义，也点明了阅读教学的重要意义。

阅读教学是语文教学的基本环节。在小学语文教学中，阅读教学承载的任务最多，所占的课时最多，各种研究课、公开课也以阅读课最多。由于长期以来阅读教学存在的种种问题，可以说师生在阅读教学上浪费的时间也最多。

改革阅读教学，必须树立阅读教学的新理念，寻求阅读教学的新方法和新策略。

本章有什么

本章主要讨论以下几个话题：

- 小学阅读教学的目标
- 阅读教学的新理念
- 小学阅读教学的方法和策略

在阅读教学理念方面，我们将就"对话"、"情感体验"、"独立阅读能力"等问题进行简要分析。在阅读教学策略方面，我们将提出并讨论"以读为本、加强整合、因文施教、多向互动、善于导向、加强积累"等策略。

学习目标

阅读教学的很多问题仍然处于探索和讨论过程中。学习本章，希望你根据我们的提示，结合自己的阅读教学实践，对阅读教学进行多角度、多层面的反思，在今后的阅读教学中不断进行探索。

- 明确小学阅读教学的目标并能在教学中准确把握和落实
- 能根据我们的提示深入领会阅读教学的新理念
- 能根据我们的提示形成你自己的阅读教学策略

第一节　小学阅读教学的目标

　　《标准》中"阅读"的总目标是："具有独立阅读的能力，注重情感体验，有较丰富的积累，形成良好的语感。学会运用多种阅读方法。能初步理解、鉴赏文学作品，受到高尚情操与趣味的熏陶，发展个性，丰富自己的精神世界。能借助工具书阅读浅易文言文。九年课外阅读总量应在 400 万字以上。"

　　为了更清晰地把握小学阅读教学的目标，我们把《标准》小学阶段三个学段的"阅读"目标列表如下（表 5-1）。

表 5-1　小学三个学段阅读教学目标

	第一学段(1~2年级)	第二学段(3~4年级)	第三学段(5~6年级)
兴趣习惯	1. 喜欢阅读,感受阅读的乐趣 10. 喜爱图书,爱护图书	10. 养成读书看报的习惯,收藏并与同学交流图书资料	
阅读方法	2. 学习用普通话正确、流利、有感情地朗读课文 3. 学习默读,做到不出声,不指读 4. 借助读物中的图画阅读	1. 用普通话正确、流利、有感情地朗读课文 2. 初步学会默读。能对课文中不理解的地方提出疑问 7. 学习略读,粗知文章大意 9. 诵读优秀诗文,注意在诵读中体验情感,领悟内容	1. 能用普通话正确、流利、有感情地朗读课文 2. 默读有一定的速度,默读一般读物每分钟不少于300字 8. 学习浏览,扩大知识面,根据需要搜集信息 10. 诵读优秀诗文,注意通过诗文的声调、节奏等体味作品的内容和情感 11. 利用图书馆、网络等信息渠道尝试进行探究性阅读
词句理解	5. 结合上下文和生活实际了解课文中词句的意思	3. 能联系上下文,理解词句的意思,体会课文中关键词句在表达情意方面的作用。能借助字典、词典和生活积累,理解生词的意义	3. 能借助词典阅读,理解词语在语言环境中的恰当意义,辨别词语的感情色彩 4. 联系上下文和自己的积累,推想课文中有关词句的意思,体会其表达效果

	第一学段(1~2年级)	第二学段(3~4年级)	第三学段(5~6年级)
把握内容领悟方法		4. 能初步把握文章的主要内容,体会文章表达的思想感情	5. 在阅读中揣摩文章的表达顺序,体会作者的思想感情,初步领悟文章基本的表达方法。在交流和讨论中,敢于提出自己的看法,做出自己的判断
各种文体的阅读	6. 阅读浅近的童话、寓言、故事,向往美好的情境,关心自然和生命,对感兴趣的人物和事件有自己的感受和想法,并乐于与人交流 7. 诵读儿歌、童谣和浅近的古诗,展开想像,获得初步的情感体验,感受语言的优美	5. 能复述叙事性作品的大意,初步感受作品中生动的形象和优美的语言,关心作品中人物的命运和喜怒哀乐,与他人交流自己的阅读感受	6. 阅读说明性文章,能抓住要点,了解文章的基本说明方法 7. 阅读叙事性作品,了解事件梗概,简单描述自己印象最深的场面、人物、细节,说出自己的喜欢、憎恶、崇敬、向往、同情等感受。阅读诗歌,大体把握诗意,想像诗歌描述的情境,体会诗人的情感。受到优秀作品的感染和激励,向往和追求美好的理想
标点	8. 认识课文中出现的常用标点符号。在阅读中,体会句号、问号、感叹号所表达的不同语气	6. 在理解语句的过程中,体会句号与逗号的不同用法,了解冒号、引号的一般用法	9. 在理解课文的过程中,体会顿号与逗号、分号与句号的不同用法
积累	5. 在阅读中积累词语 9. 积累自己喜欢的成语和格言警句。背诵优秀诗文50篇(段)。课外阅读总量不少于5万字	8. 积累课文中的优美词语、精彩句段,以及在课外阅读和生活中获得的语言材料 9. 背诵优秀诗文50篇(段) 10. 课外阅读总量不少于40万字	10. 背诵优秀诗文60篇(段) 11. 扩展自己的阅读面,课外阅读总量不少于100万字

把握新课程"阅读"方面的目标,要注意以下几点:

1. 注意"知识和能力"、"过程和方法"、"情感态度和价值观"三维目标的整合

比如,要重视培养和保护学生的阅读兴趣,让学生感受到阅读的乐趣。要重视培养学生的阅读方法和良好的阅读习惯,提高学生的独立阅读能力。在阅读教学中,要将语言、情感和思维有机地结合起来。

2. 注意目标的阶段性和连续性

要注意各个学段目标的层次性,注意各项目标应该达到的"程度",也要注意各个学段目标之间的相互联系。比如默读,第一学段目标是:"学习默读,做到不出声,不指读。"第二学段目标是:"初步学会默读。能对课文中不理解的地方提出疑问。"第三学段目标是:"默读有一定的速度,默读一般读物每分钟不少于300字。"三个学段的目标层次分明,层层递进,而前一个学段的目标又是后一个学段目标的基础。

3.处理好阅读兴趣、阅读方法、阅读习惯和阅读量、阅读速度之间的关系

《标准》除了强调朗读、默读以及诵读外，还对速读和浏览提出了要求，并明确规定了各个学段的最低阅读量。掌握多种阅读方法，根据需要选择不同的阅读方法，这是在现代社会必须具备的阅读策略。阅读兴趣是掌握阅读方法和扩大阅读量的基础，阅读方法和阅读习惯制约着阅读速度，阅读速度也制约着阅读量，阅读量的多少也反过来影响着阅读方法的掌握和阅读速度的提高。我们必须明白他们之间的相互关系，从整体上实现阅读的目标。

【思考与讨论】

经常有老师在阅读课的结尾说："课文我们就讲（或者学）完了。学了课文，大家有什么收获？还有什么问题？"似乎把课文每一段都问了一遍，教学任务就算完成，教学目标也就达到了。请针对这样的情况，发表你的看法，说说在阅读教学中如何更好地落实《标准》中"阅读"方面的目标。

第二节　阅读教学的新理念

一　阅读教学是学生、教师、文本之间对话的过程

（一）对阅读教学中"对话"理念的理解

"阅读教学是学生、教师、文本之间对话的过程"，这一句话集中体现了新课程阅读教学的新理念。

"对话"是现代社会的一种重要理念，被广泛运用于社会生活的各个领域。教学中的"对话"不能只是狭隘地理解为人与人之间的谈话或者各方之间的接触、谈判，它本质上是一种价值追求。对话意味着相互平等、相互沟通、相互包容，意味着双向互动，意味着相互碰撞和共同建构。

"阅读教学是学生、教师、文本之间对话的过程"这一句话，包含了两层含义：其一，阅读是读者与文本的主体间的对话过程；其二，教学是教师与学生以及学生与学生的主体间对话过程。也就是说，它混合了"阅读对话理论"和"教学对话理论"两个命题。而这两个命题是有区别的：前者与源于西方的解释学、文学批评理论的发展密切相关；后者根生于课程与教学研究，是解释学在教育领域、在课程与教学领域的沿用，与主体性教学、合作教学以及建构主义理论、批判（解放）教育学、后现代课程观也有直接的关联。[①]

---

① 王荣生.语文科课程论基础.上海：上海教育出版社，2003.215～216.

国外母语教育有关文件对阅读和阅读教学的提法充分反映了对话的理念。如：

阅读是一个读者与文本相互作用、构建意义的动态过程。构建意义的实质是读者激活原有的知识，运用阅读策略适应阅读条件的能力。（美国宾州）

应鼓励学生作充满热情的、独立的、反思的阅读者。应指导学生具体深入地思考读物的质量和深度，鼓励他们运用自己的想像力对作品的情节、人物、思想、词汇和结构作出反应。（英国）

应该着重强调阅读活动并非仅仅为了获取信息、汲取知识。编排周详的阅读课程，会为学生们提供许多旨在为了愉悦、为了自我发现、自我充实的阅读机会。（加拿大）

（二）把握阅读教学中"对话"理念应注意的问题

把握阅读教学中的"对话"理念，应该注意以下几点。

1. 从学生与文本的关系角度说

（1）要珍视学生的独特感受、体验和理解。根据阅读对话理论，作者与读者之间的关系，本质上是人与人之间的精神联系，阅读是主体间的对话与交流，是读者与文本相互作用、建构意义的过程。读者的阅读，尤其是阅读文学作品的过程，是一种共同参与甚至共同创造的过程。学生有着不同的生活经验和认知特点，他们在阅读中有着不同的思维方式，不同的思考问题的角度，不同的想像，不同的情感反应。这些都是文本所期待的。应该允许并提倡对文本的多元解读。比如，一位老师教列夫·托尔斯泰的《跳水》一文，在交流阅读感受时，有的学生从船长身上受到启发，体会到遇上危急情况时要沉着果断，根据当时的实际情况采取措施；有的学生从那个孩子的行为体会到做事情要考虑后果，不能因一时的好胜、赌气而不顾危险；也有的学生认为事情的起因是水手们开玩笑太过分了，伤了孩子的自尊心，从中体会到开玩笑要注意分寸。这些都是文章本身所包含的内容，是学生用心读书得来的真切感受，是值得珍视的可贵体验。

（2）要重视学生在阅读过程中的主体地位。阅读要读，阅读要自己读，阅读要学生自己读。阅读是学生自己在阅读中主动建构意义的过程，不应用教师的分析来代替学生自己的阅读实践。

（3）要注意引导学生读懂课文，领会作者的写作意图，不能离开作者本意，漫无边际地进行多样化的理解。比如，《小猴子下山》一文，讲小猴子先掰玉米，继而弃玉米而摘桃子，弃桃子而摘西瓜，弃西瓜而追小兔，终于双手空空，一事无成。这个故事告诉孩子们，做事要有恒心，方能成功，不能三心二意，朝三暮四。对此，学生是容易理解的。但有的教师偏偏要让学生从所谓"经济效益"的角度来谈对这件事的看法，于是学生就顺着老师的意思想，玉米、桃子、西瓜、小兔不是一个比一个值钱吗，因而小猴子这样做就成了有经济头脑了，这种理解与课文本身的寓意已经相距甚远了。当然，从阅读的角度说，读者的有些理解、感悟可能并不是作者的本意，作者在写作的时候并没有想到这一点，或者并没有想说这一点，读者借助文本想到了，根据读者参与创作的精神，也是允许的。但从阅读教学的角度来说，教师应该允许并鼓励学生进行多角度有创意的阅读，同时还应该注意落实课文的主流思想，不要往非主流思想、价值不大的想法甚至错误的想法上引导。

【思考与讨论】

　　一位老师上《麻雀》一课，有一个环节是让学生谈读后感。学生在发言中除了敬佩老麻雀不畏强暴的精神外，也有的唱了反调："老麻雀你太冒险了，你可以用其他办法吓退猎狗。再说，保存了自己还可以孵出另一窝小麻雀呀!"老师顺着学生的发言补充说："这叫'留得青山在，不怕没柴烧'。"

　　这位教师反思这堂课的教学，一方面觉得这样的课堂讨论激活了学生的思维，使学生有了创造想像的空间和抒发内心情感、阐明不同见解的自由，另一方面又感到后面这位学生的发言有悖于作者初衷，认为应该引导学生回到课文本身，认同作者所要表达的观点。对此，有的老师提出了相反的主张，认为尽管那只老麻雀的形象感人至深，确实使每一个读者的心灵受到强烈的情感冲击，但这并不妨碍不同读者有不同的看法，因为一千个读者就有一千个哈姆雷特，这符合现代阅读理念中对话理论的精髓。

　　你对这两种意见怎么看?

　　2. 从教师与文本的关系角度说

　　(1) 教师要珍视自己对文本的独特感受、体验和理解，不要习惯性地仅仅把目光聚焦于"伟大"、"崇高"、"意义"等。

　　(2) 重视教师自己对文本的阅读。不要让教参的"教材分析"、"教材说明"束缚自己的头脑。

　　3. 从学生和教师的关系角度说

　　(1) 不要把教师对文本的解读（甚至只是教参对文本的解读）强加给学生，不要用教师的分析和繁琐的提问代替了学生的阅读。

　　(2) 也不能片面强调学生的个性化感悟、体验和解读，而忘记了教师应有的引导和指导。学生在阅读中的个性化感悟、体验和理解，有时是无聊的，有时是错误的，有时是存在不正确的价值观导向的。比如，有位教师让学生续编龟兔赛跑的故事，学生想了个让乌龟在第二次龟兔赛跑中再次获胜的办法："请个小乌龟帮忙，在岔路口把路标转换方向，使兔子跑错路，到不了终点。"对这样的"创造性"思维，对这样的"金点子"，教师应该从道德品质和思想方法上进行正确的引导。我们要"珍视"这些"独特"的感悟、体验和理解，主要是指不要简单地否定甚至嘲笑、指责，并不是说不要引导和指导。如果只是停留在让学生自己去读、自己去体会、自己来说、自由地讨论的层面上，学生的阅读能力仍然难以提高，正确的价值观和人生态度仍然难以形成。教师应根据学生阅读中出现的情况，灵活地进行提示、启发、讲解、分析甚至训练，该引导的要引导，该纠正的要纠正。

阅读教学不仅是让学生自己阅读，更重要的是让学生在自己的阅读过程中，学会阅读；不仅是让学生和文本对话，更重要的是在学生和文本对话的过程中，学会和文本"对话"。

二　从注重理性分析到注重情感体验

过去一段时间，我们的语文教学注重对文章的理性分析，忽视对文章的情感体验和整体把握，这是以学科知识为本的课程观的反映。语文是人文性很强的学科，尤其是学生所阅读的文章大都含有丰富的情感因素，学生阅读的过程中必然伴随着丰富的情感体验，这也是阅读存在无穷魅力的重要因素之一。通过阅读，使学生受到情感的熏陶、感染，这也是语文教学的重要任务。重视语文的熏陶感染作用，是语文课程固有的特点。《标准》在课程总目标里突出强调了"注重情感体验"的理念，这体现了工具性和人文性的统一，符合语文课程的特点和语文学习的规律。

《标准》在学段目标中，体现了对阅读教学中的情感体验的"注重"。比如，第一学段提出"对感兴趣的人物和事件有自己的感受和想法"，读诗歌要"展开想像，获得初步的情感体验，感受语言的优美"；第二学段提出"初步感受作品中生动的形象和优美的语言"，"注意在诵读过程中体验情感，领悟内容"；第三学段提出阅读诗歌要"想像诗歌描述的情境，体会诗人的情感"。

《标准》放弃了"概括文章的中心思想"的提法，改为"体会文章的思想感情"。显然，"思想感情"比"中心思想"的外延大得多，可以从不同的角度、不同的层面去体会。而"体会"是自主的、个性化、多样化的，偏重感性把握，注重过程；而概括是强调规范、统一的，偏重理性判断，注重结果。这一提法的改变，既体现了对文本多元解读的理念，也体现了注重情感体验的理念。

三　注重培养学生的独立阅读能力，不刻意追求语文知识的系统性[1][2]

《标准》在"教学建议"里强调："在阅读教学中，为了帮助理解课文，可以引导学生随文学习必要的语法和修辞知识，但不必进行系统、集中的语法修辞知识教学。"在"评价建议"里还特别规定："语法、修辞知识不作为考试内容。"

在语文知识的要求和表述上，《标准》尽可能地将知识要求转化成能力要求来表述。比如标点符号，《标准》改变了过去大纲里"认识常用的标点符号"这样的笼统提法，不仅把标点符号当做一种知识，而且把它当做理解内容、体会感情的一种手段。比如，第一学段提"在阅读中，体会句号、问号、感叹号所表达的不同语气"；第二学段提"在理解

① 语文课程标准研制组.全日制义务教育语文课程标准（实验稿）解读.武汉：湖北教育出版社，2002.64～65.
② 杨再隋等.语文课程建设的理论与实践——《全日制义务教育语文课程标准》学习与辅导.北京：语文出版社，2001

语句的过程中，体会句号与逗号的不同用法"；第三学段提"在理解课文的过程中，体会顿号与逗号、分号与句号的不同用法"。

《标准》这样做，倒不是否定知识的重要。它体现了一个指导思想，就是学习语文知识是为了运用，应该促使语文知识向能力方面转化。在义务教育阶段，特别要重视培养学生的语感，即语言直觉；而语感只有在大量的阅读中才可能获得发展。这也是语文课程的特点所决定的。《标准》在"课程的基本理念"里指出："语文是实践性很强的课程，应着重培养学生的语文实践能力，而培养这种能力的主要途径也应是语文实践，不宜刻意追求语文知识的系统和完整。"

关于阅读能力，《标准》在总目标中强调"具有独立阅读的能力"，在"教学建议"中又指出："阅读教学的重点是培养学生具有感受、理解、欣赏和评价的能力。这种综合能力的培养，各学段可以有所侧重，但不应把它们机械地割裂开来。""逐步培养学生探究性阅读和创造性阅读的能力，提倡多角度的、有创意的阅读，利用阅读期待、阅读反思和批判等环节，拓展思维空间，提高阅读质量。"

《标准》在基本的阅读能力上，强调感受、理解、欣赏和评价的综合能力，对小学低、中年级学生来说，主要是感受和理解，对小学高年级学生可以在感受和理解的基础上，适当进行欣赏和评价。阅读中的感受能力指通过字面对阅读材料初步感受、获得笼统印象和表层意义的能力；阅读理解能力指从书面符号中进行译码从而获得意义的能力；阅读欣赏能力指学生在理解文本的基础上，对课文中优美的形象、深刻的意蕴、丰富的情感以及用词造句的色彩、语言节奏的强弱，情调和风格特色等进行欣赏的能力；阅读评价能力指学生在对文本理解的基础上，对文本的材料、思想结构、特色进行评价的能力。

所谓"独立阅读能力"，不仅包括基本的认读、感受、理解、欣赏、记忆、迁移能力，还包括根据需要选择阅读方法、阅读策略的能力，会用精读的方法正确而有创意地理解阅读材料，会用略读的方法迅速把握阅读材料的大意，会用浏览的方法迅速捕捉阅读材料中的重要信息。此外，独立阅读时还要有一定的速度。也就是说，培养学生的独立阅读能力，不仅要重视读懂，更要重视会读，还要努力做到读得快。

学生独立阅读能力的形成依赖于阅读兴趣的产生、阅读方法的掌握、阅读习惯的养成和阅读量的积累。缺乏阅读兴趣，就不可能自觉地独立阅读；不掌握阅读方法，没有养成良好的阅读习惯，就无法有效地独立阅读；没有一定阅读量的积累，就无法提高独立阅读能力。

所谓"阅读期待"，指面对文本，产生一种期待心理。比如面对童话故事，希望从中读到生动曲折的故事情节，预期出现惩恶扬善的美好结局；面对一篇散文，希望作者以优美的语言，灵活的笔调，描写感人的内容，使人获得精神愉悦，审美享受等等。所谓"阅读反思和批判"，指阅读文本之后对所理解的内容的回味和再思考，并持某种观点对文本内容进行理性的批判，以辩明其思想源流、社会价值、文化品味和艺术特色等。这两种阅读方式，前者可以在小学各年级适当运用，后者对小学生来说，难以实施。

第三节　小学阅读教学的方法和策略

一　以读为本

（一）明确以读为本的含义

以读为本，含有"为了读"、"会读"、"在读中"、"多读"、"自己读"等意思。

（1）从阅读教学的目的和任务来说，阅读教学有着多重任务，但基本任务就是培养学生的阅读能力、阅读方法和阅读习惯，让学生学会读。

（2）从完成阅读教学任务的途径来说，培养阅读能力主要是在阅读实践中进行，靠阅读实践完成；阅读教学所承载的培养识字与写字能力、口语交际能力、习作能力以及扩展知识、发展智力、陶冶情操等多种任务，也是"在读中"、"凭借着读"来完成的。

（3）从阅读教学的内容来说，朗读、默读、诵读，精读、略读、浏览，慢读、速读，这些既是学生阅读的方式、方法，也是阅读教学的训练内容。离开了读，就谈不上阅读教学。

（4）从学生独立阅读能力的发展来说，阅读方法的掌握、阅读习惯的养成、阅读策略的掌握，都依赖于"多读"、"自己读"。

（二）把握好读的要求

阅读教学一定要重视读，尤其要把朗读和默读作为经常的基本的训练。具体说，要注意以下几点：

（1）明确读的目的，保证读的时间。要让学生明白为什么读。读不是遵照教师的指令，完成教师布置的任务，而是自己的需要。不要用繁琐的分析、问答，机械的练习，无必要的表演或无目的的扩展活动挤占了读书的时间，代替了读书。

（2）创设读的情境，增强读的趣味。有的教师上阅读课，整堂课都在读，可是不知道为什么读，只是变着花样一遍一遍地读，读得很无聊。要让学生带着任务读书，让学生感受阅读乐趣，享受阅读生活，增强阅读的动力。也有的老师片面追求读的趣味，走上形式主义的道路。

【案例1】

　　一位老师上《两只小狮子》一课，为了调动学生的积极性，引导学生体会句子的含义，过多地采用了直观、表演的形式，读到勤狮子"整天练习滚、扑、撕、咬"，就让学生表演滚、扑、撕、咬；读到"学本领"，就让学生伸手打拳；读到懒狮子的话，就让学生打个哈欠，躺在桌上说；进行朗读指导时，拿出一支假玫瑰花让学生闻"花香"，读到逗号就轻轻闻一闻，读到句号就站起来使劲闻。整堂课学生都在嘻嘻哈哈地表演，极其夸张地朗读，学生学得确实很开心，但我们不禁要问：学生学得开心就好吗？学生在这样热闹的表演中获得了什么？难道不让学生做"滚、扑、撕、咬"的动作，就不能理解"滚、扑、撕、咬"吗？不让学生躺在桌上，就不能理解懒狮子的懒和说话时慢吞吞的语气吗？过分的直观、过多的表演影响或代替了学生通过课文语言进行理解、想像和感悟的过程，这一倾向需要引起重视，注意克服。

（3）尊重读的个性，加强读的指导。阅读是学生的个性化行为，但是也要加强阅读示范和阅读指导，引导学生掌握阅读方法，提高阅读能力。

（三）注意朗读指导的策略

（1）根据课文特点，明确朗读指导的目的和内容。人教版新课程实验教材在课文后的练习提示里，对朗读练习的提示做了新的尝试，即不再用过去指令性的"朗读课文"的固定说法，而是根据课文特点和训练意图，每次朗读都有着特定的任务。试举三年级上册教材的几个例子："课文写得很美，我要好好读一读，再把喜欢的部分背下来"（《我们的民族小学》），这个提示点明了通过朗读体会课文的美（语言美、情感美等）这个主要目标；"我要多读几遍课文，把对草地和蒲公英喜爱的感情读出来"（《金色的草地》），这个提示突出了通过"多读"，读出"对草地和蒲公英喜爱的感情"这个明确的目标；"我们来分角色朗读课文"（《爬天都峰》），这个提示点明了朗读的方式，突出了学习扮角色朗读这个目标；"这个故事对我很有启发，我要多读几遍"（《奇怪的大石头》），这个提示点明了通过朗读体会"故事对我们的启发"这个目标。"我们分角色读读课文，把对话的不同语气读出来"（《小摄影师》），这个提示更明确指出了"在分角色朗读中，读出对话的不同语气"这个目标。教材编者从编写意图的角度，提示了各课朗读教学的重点，对老师们确定具体、明确、有针对性的朗读教学目标有帮助，对老师们设计其他方面的教学目标也有启发。

（2）系统安排每个阶段朗读指导的重点。比如，低年级要注意纠正"念字"现象，抓好"念词"的训练，养成连词读的习惯，逐步按语节朗读，加强朗读速度训练，慎用齐读。这对避免出现"唱读"现象极为重要。在朗读目标要求上，要注意不同年级的层次性。《标准》对三个学段的朗读目标，表述上注意了体现层次性：第一学段要求"学习用"普通话正确、流利、有感情地朗读；第二学段要求"用"普通话正确、流利、有感情地朗读；第三学段要求"能用"普通话正确、流利、有感情地朗读。

（3）避免纯技巧性的形式化朗读指导，加强教师的示范和学生的体验。朗读技巧主要靠感受，不是靠分析。运用朗读技巧要自然，掌握好分寸。

（4）按正常朗读的形式背诵。避免念经似的背诵方式，倡导用正常朗读的方式背诵，不但背下语言，而且"背下"思想感情。这对培养学生的语感有重要意义。

（5）处理好大声读与小声读的关系。不要片面强调大声读，要根据表达需要确定声音的高低强弱，增强朗读的美感。

（6）朗读指导时要重视正音训练，不能有错不究，但也不宜有错必究、有错即究。

（四）要注意"阅读教学"和"阅读"的联系和区别

（1）阅读教学中的读不能等同于学生自己读。阅读教学要重视学生自己读，要让学生充分地个性化地自读自悟，在独立阅读中培养独立阅读能力。但阅读教学（这里主要指课堂教学）中的读，还必须有教师和其他学生的参与，是学生自读基础上的对话过程。如果因为强调了学生自己读，忽视了教师的参与和组织、指导，忽视了多向互动和对话，就不成其为阅读教学了。

（2）阅读教学中的读不能等同于生活中的读。关注生活中的阅读，对阅读教学是有启发的。比如，生活中的阅读更重视阅读个性，人们完全是带着自己的眼光，选择自己感兴趣的读物，用自己喜欢的方式在阅读。生活中也有为了查找资料而进行的阅读，为了写作而进行的阅读，为了与人交流而进行的阅读，这种目的明确的阅读，效率极高。比如，我们要给人写回信，对来信的阅读就会非常仔细，理解也会比较到位。又如，人们在生活中都在谈论着一本畅销书，都在说那本书写得如何如何好，这个时候，我们就会产生强烈的阅读欲望，我们就会想方设法地买或者借那本书来读，因为有强烈的阅读欲望的驱使，而且我们在潜意识里总是准备着在阅读之后能和别人做交流，因此阅读效率比较高。我们在阅读教学中，也要借助生活中阅读的这些体验，关注学生的阅读需要，注意阅读的趣味，使阅读成为学生精神生活的重要组成部分，同时注意读写结合，读说结合，读用结合。但是，生活中的阅读主要指向理解内容、获取信息，往往具有很强的随意性，有时甚至仅仅是一种休闲的方式，而阅读教学在这些之外，还有着更重要的任务，比如学习阅读方法，培养阅读能力和阅读习惯，学习理解语言和运用语言，等等。因此，不能把阅读教学中的读，等同于生活中的阅读。

二　加强整合

阅读教学除了培养阅读能力外，还承担着不可忽视的多方面的任务。阅读课的设计要以读为线索，把感悟、理解、积累、运用、表达有机结合起来。

（一）引导学生在读中感知，在读中感悟，在读中理解，在读中生疑，在读中解疑

多用读代替分析，代替问答。学生要在读中产生感受，有了感受，也可以通过读表达感受。

（二）把读与字词句教学结合起来

传统阅读教学中，往往把生字当成阅读的障碍，第一课时要扫除这个障碍，第二课时才能进行阅读教学。生字确实是阅读的障碍，但扫除这个障碍，既可以在阅读前，也可以在阅读中。在初读时结合上下文猜读识字，在细读时结合上下文理解字义，在反复朗读、诵读中巩固识字，这是识字教学的重要策略。识字和阅读不是对立的，而是相辅相成、相互促进的。当然，也不排除先把生字单独抽出来初步认读，再在读课文的时候进一步认读和巩固的做法，但那不是唯一的办法，也不一定是最好的办法。词句的训练也是如此，应该提倡在语言环境中进行词句训练，反对孤立、机械地进行词句训练。

【案例2】

于永正《小稻秧脱险记》（苏教版三年级上册）词语教学实录片断：

师：请大家一边读课文，一边把不懂的词语画下来。（学生读课文、画词语，教师巡视。发给部分学生小黑板，让他们把不懂的词语写在小黑板上）

师：请写好的小朋友把小黑板送过来。请大家把这些词读一读。（学生读词语：团团围住、气势汹汹、蛮不讲理、一拥而上、不由分说、有气无力……）

师：这些词，有的需要老师帮助，有的自己通过读课文就可以理解。请大家读课文，边读边想这些词语的意思，我相信多数词语同学们能通过读课文理解。（学生读课文，教师巡视）

师：读完两遍课文的请举手。好，读的时候不仅要考虑词语的意思，还要注意做到正确、流利，如果做到有感情就更好了。请大家再读。（学生继续读课文）

师：有的同学已经读到第四遍了。下面我们来检查读书的效果。（教师相机指导"蜡"、"蛮"等字的读音）

（指导朗读略）

师：读到这里，我想，"气势汹汹、蛮不讲理、一拥而上"肯定懂了。没有懂的同学请看我们表演。我当小稻秧，你们几个当杂草。杂草把小稻秧团团围住，你们应该怎么站？（学生从四面把老师围住。笑声）

师：你们要干什么？

生：快把营养交出来。（声音低）

师：你们没有读懂。要凶，声音要大，把腰卡起来。

生：（卡腰、大声、凶恶地）快把营养交出来。

师：我们搬到大田不久，正需要营养，怎么能交给你们呢？（学生不知所措）

师：（问全体同学）他们应干什么？

生：他们应上前抢营养。

师：对，要抢。营养在地里，快！

（"杂草们"一拥而上，抢起了营养。"小稻秧"没精打采地垂下了头，下面的学生哈哈大笑）

师：杂草厉害不厉害？凶不凶？（生：厉害，凶！）这就是"气势汹汹"。杂草野蛮不野蛮？（生：野蛮）讲理不讲理？（生：不讲理）这就叫"蛮不讲理"。杂草让小稻秧发言吗？（生：不让）这就是"不由分说"。各位"杂草"请回去。（笑声）

（三）重视整体读，整体把握

不能把一篇课文搞得支离破碎，专注于细节的分析、品味，忘了整体把握。

（四）把阅读和思维训练、口语交际、习作有机结合起来

读思结合，读说结合，读写结合，关键是要做到读与思，读与说，读与写的相互配合与相互促进。阅读为思考、讨论、说话提供了话题，提供了材料，思考、讨论和说话也可以促进阅读理解，表达阅读结果，交流阅读感受，但是不能因为说得太多，影响了读的时间。同样，读为写提供了话题，提供了材料，提供了示范，读本身也包含着对写的感悟，写反过来也提升了读的效果，从写的角度来读，更容易悟出文章的门道；但是，读写结合不能搞成读写知识的归纳与运用，不能搞成机械的模仿。当然，根据课文的特点，读、思、说的时间应该有所不同，教学设计的整体思路、线索也应有所不同。如果以读为线索，可以告诉学生，我们在课前读课文的基础上，课堂上还需要读多少遍，每一遍应该达到什么要求，最后应该达到什么要求，让学生明确读的目的要求，使读具有层次性。这些要求包括理解、感受、领悟表达方法等等，可以由教师提，也可以让学生自己提。如果以问题为线索，也要注重通过读来解决问题，不要离开读进行过多的讨论。可以围绕解决问题，让学生自主读书，合作探究。

【案例3】①

一位老师上《三袋麦子》(苏教版实验教材三年级上册)一课，引导学生就书后的问题展开讨论："小猪、小牛、小猴是怎样处理自己那一袋麦子的呢？你认为谁的做法最好？为什么？"

生：小猪很馋，没几天就把一袋麦子吃光了。

生：我认为小猪最不好，他是只图一时痛快，今日有酒今日醉，一点儿也不注意节约。(众笑)

生：小猪一点也没有长远打算，只晓得吃、吃、吃，除了吃，还是吃！(众笑)

师：小猪就没有一点儿可爱之处？

生：小猪会做各种各样的食品。

师：他也有一技之长，让他开个食品加工厂，还行！

生：小猪懂礼貌，土地爷爷一年后去看他的时候，他首先感谢爷爷送给他那袋麦子。

师：你读书很仔细。大家都说得不错。现在说小牛。

生：小牛很注意节约，一袋麦子一年还没吃完。

生：小牛会精打细算，他要等草料和杂粮都吃完了，再吃那袋麦子，想得很长远。

生：小牛为了不让麦子发霉，还经常搬出去晒。

生：我认为小牛既节约，又勤劳，他的做法最好。

师：有什么不同的意见？把小牛和小猪、小猴比一比。

生：小牛和小猪相比，肯定是小牛做得好。可是和小猴相比，又不一定。

师：说具体些，为什么"不一定"？

---

① 蒋兆祥.为什么而求异,小学语文教师,2003（6）.

生：小牛虽然想得长远，但一袋麦子总有吃完的时候。小猴把麦子种下地，获得丰收。这样，年年种，年年丰收，就永远也吃不完。

生：小猴还很大方，把丰收的麦子送人。

生：我认为小猴的做法最好，他比小牛更聪明，更能干。

生：我认为小牛比小猴勤快。

生：小猴能收获很多麦子，说明他既勤快，又能干，而勤快的人却不一定能干。（教师带头鼓掌）

这一教学片断，学生的发言可谓精彩纷呈。在老师的引导下，学生思维的火花相互撞击，相互融合，创新在求异中进行，求异沿着正确的方向前进，有序的思考使学生的思维向着全面、深刻的方向发展。需要注意的是，思维训练不应离开语言训练进行。在这个教学片断中，如果教者有意识地将语言训练融合其中，那就更能体现以读为本的精神，更能达到人文浸润、语言积累的目的。比如，在学生讨论小猪时，学生说小猪很馋，教师可追问一句：你怎么知道他馋的？如果学生能用课文中的词语"迫不及待""舔了舔舌头"等回答，那就达到了训练的目的。在讨论到最后时，如果老师将三个小动物眼中不同的麦子（"黄灿灿的麦子""饱满的麦子""上等的麦子"）加以比较，让学生感悟一下，为什么用词各不一样，将土地爷爷对三者不同的体态语和话语加以对比，对思维和语言互为表里的训练就会更落实，求异思维就会有"双赢"的结果。

（五）突出重点，有效利用教学时间

在新课程中，语文课的教学时数有所减少，而一节课的时间也很有限，课堂教学一定要突出重点，提高效率。在40分钟里要做对提高学生的语文素养最有价值的事，要加强基本训练，不能把朗读、背诵、写字、听写、巩固练习等都放到了课外，课堂变成了课外学习的展示与交流，甚至变成游戏和表演的场所。阅读课堂教学活动应该紧紧围绕识字、阅读的基本任务展开。比如低年级的阅读教学，要紧紧抓住识字写字、朗读背诵这些基本任务进行设计。两三节课下来，生字要认得，要求写的字要能写对，课文要读好，要求背的要在课堂上背熟。如果这些任务完不成，学生的语文学习就会打不好基础。中年级的阅读教学要突出朗读感悟（整体把握和词句段的理解结合）和积累运用。高年级的阅读教学要突出朗读感悟和领悟表达方法，培养独立阅读能力。当然，这并不是建议教师机械地去教识字写字、朗读背诵、积累运用和读写方法，使阅读课变得单调乏味。阅读教学也要体现工具性和人文性的统一，重视三维目标的整合，这是前提。我们希望尽量避免充斥于阅读课堂中的蹩脚的启发、机械的练习、无错的问答、泛滥的表扬、"热闹"的讨论、花哨的板书、抽象的学法、无谓的尊重等形式主义的东西。

另外，语文课程具有开放性的特点，要注意语文和生活的联系，学科间的沟通，课内外的结合。但是，让学生在课外搜集资料，也要明确搜集资料的目的，注意搜集资料方法和途径的引导，控制搜集资料的次数和难度，重视资料的运用。在课堂上的扩展活动，要注意控制时间和量，因为语文课毕竟是语文课。一位老师上《画风》一课，阅读课文只用了20分钟，剩下的20分钟就是画画，最后还搞了个小小画展。显然，这样的扩展活动里

面，体现语文特点的因素不多，而且所占时间过长，影响阅读教学任务的全面完成。语文扩展活动要与课文内容和学习目标有机结合，要有较多的语文因素，如巩固识字、读法运用、以演促读、词语运用、读写结合、口语交际等。

【案例 4】①

李吉林老师在教学古诗《宿新市徐公店》时，用画诗意的方法，画与阅读、感悟、理解、想像结合起来，而没有失去语文本身的特点。

师：请你们谈谈诗，想想如果根据诗意作画，该画些什么？

生：要画篱笆。

师：篱笆要画得密还是疏一点？要说出理由。

生：要画得松一点。因为诗中说"篱落疏疏"，"疏疏"就是不密的意思。

生：还要画小路。

师：为什么？是怎样的小路？

生：要画一条狭长的小路，因为是"一径深"。

学生个个跃跃欲试，还有的说，树上只画些小叶，树下要画些落花，因为是"树头花落未成阴"。讨论到画面上要不要画蝴蝶时，学生们争论得更有趣了。有的说："要画蝴蝶，不画蝴蝶怎么体现'儿童急走追黄蝶'呢？"有的说："不要画蝴蝶，诗上已经说了'飞入菜花无处寻'。"为了让诗的意境更深入地促进学生体验，老师提示一句："注意是'追黄蝶'，而不是'追蝴蝶'。"学生从中得到启发，说："飞入菜花无处寻，是因为菜花是黄的，黄蝶也是黄的，分辨不清哪是黄蝶哪是菜花，所以还是要画黄蝴蝶的，不过要画在菜花丛中。"又有一位学生补充："蝴蝶最好被菜花遮住一部分，露出一点翅膀，就更有意思，也才能把'飞入菜花'的'入'表现出来。"……

【思考与讨论】

下面是一位老师关于学生搜集资料的困惑。你能帮他"解惑"吗？

在教《秋天的图画》和《植物妈妈有办法》的时候，我布置学生回家搜集有关的资料。结果能完成老师要求的学生寥寥无几。在上课的时候，我叫了一个资料搜集得比较全面的孩子上台给大家说说，分享一下她搜集的资料，结果她拿着大概是家长帮忙从网上下载的图片和资料却说不出几句话来，这时课堂上顿时沉寂下来，我只好自己拿起那份资料读起来……

《语文课程标准》一开头就有这么一句话："现代社会要求公民具备良好的人文素养和科学素养，具备创新精神、合作意识和开放的视野，具备包括阅读理解与表达交流在内的多方面的基本能力，以及运用现代技术搜集和处理信息的能力。"要一个六七岁的学生就能搜集和处理信息的确有些困难。可想而知，学生手中大段陌生的文字资料并非他们亲自动手所得，经历学习过程的并不是学生，而是他们的家长，难道我们教育的对象是学生家长吗？

---

① 语文课程标准解读·理念解读．小学语文教师．2003（7～8）

要提高学生的成绩，学通学透课本是关键。花较多时间去搜集资料、探究课外知识，必然会影响学习课文的时间。请问，怎样处理这一矛盾？

三　因文施教

（一）把握教材编写意图，确定具体教学内容

在备课过程中，要通过分析教材所处学段的特点，所在单元的主题和内在结构，教材中的学习提示、学习建议等，明确教材的编写意图，并借此选择教学内容。

1. 分析教材，要根据课文所在的年级，考虑在这一课的教学中要重点落实《标准》学段目标中的哪些要求

比如，要上三、四年级的课文，就可以结合课文的词语特点，考虑是否可以重点训练结合上下文理解词语的能力；要上五、六年级的课文，就可以结合课文在表达上的特点，考虑是否可以重点引导学生揣摩文章的表达顺序，领悟文章的表达方法，体会文章的表达效果。

2. 分析教材，要注意课文的类型，思考各类课文在教学上的不同要求

以往课文分讲读课文、阅读课文、独立阅读课文三类（此外还有看图学文、习作例文等），后来改为讲读课文、阅读课文两类（另编自读课本），现在课文主要分精读课文和略读课文两类，此外还包括选读课文、语文园地（语文天地）中的非主体课文及自读课本。讲读和阅读主要是从教学的角度来划分，精读和略读是从学生阅读方法的角度来划分的，名称的改动体现了教学思想的变化。要注意略读课文和精读课文在教学要求和教学方式上的不同，不要把略读课文当成精读课文上。《标准》指出，略读的要求是"粗知文章大意"。在教学目的上，要注意运用在精读课文中学到的阅读方法，也要突出训练略读的方法；在课文内容上，不要求理解太深，抠得太细；在教学内容上，要注意引导学生如何在较短的时间内把握文章的大意，逐步掌握略读的方法；在教学方式上，要更加突出学生自读、自悟，注重独立阅读能力的培养。

3. 分析教材，还要注意课文的文体特点，把握各种体裁课文的不同教学要求

比如，诗歌要突出朗读、背诵，故事可练习复述，古诗和文言文不提倡进行串讲，要多采用诵读的方式，注意让学生借助注释或工具书自己读懂。当然，各个年级古诗教学在理解和感悟的要求上也有所不同，低年级应突出读读背背、识字写字，中年级应突出读读背背、解词解句，高年级应突出自主感悟、诵读欣赏。

4. 分析教材，还要仔细体会课后思考练习显示出的编写意图

比如，在人教版教材中，从"九年义务教育教材"（根据1992年义务教育小学语文教学大纲编写）、"小修订教材"（根据特级教师意见修订）、"大修订教材"（根据2000年试用修订版大纲修订）到"新课标实验教材"（根据《标准》编写），都有《翠鸟》一课。我们列出四个版本教材中的课后思考与练习题，通过比较，可以发现编写意图和呈现方式的

一些变化，也可以看出阅读教学改革的一些动向。

九年义务教育教材

默读课文，回答问题。

(1) 翠鸟各部分的羽毛是什么颜色，什么样子的？

(2) 翠鸟是怎样捉鱼的？翠鸟捉鱼的本领和它的外形有什么关系？

(3) "我们"为什么希望翠鸟在苇秆上多停一会儿？

小修订教材

读了这篇课文，你觉得翠鸟可爱吗？为什么？

大修订教材

1. 有感情地朗读课文。选你喜欢的自然段背诵下来。

2. 比较下面每组中的两个句子，说说哪个句子写得好，为什么。

(1) 翠鸟叫声清脆，爱在水面上飞。

　　翠鸟叫声清脆，爱贴着水面疾飞。

(2) 翠鸟离开苇秆，很快地飞过去。

　　翠鸟蹬开苇秆，像箭一样飞过去。

3. 读一读描写翠鸟羽毛颜色、外形、捉鱼动作的句子，再把你喜欢的词句抄下来。

△ 自选课文中的一部分内容，如，"苇秆还在摇晃，水波还在荡漾。"用彩色笔画一幅画。

新课标教材

1. 我要有感情地朗读课文，还要把最喜欢的部分背下来。

2. 从哪些地方可以看出作者特别喜欢翠鸟？我们来讨论一下。

3. 我们交流交流，下面每组中的两个句子，哪个写得更好，好在哪儿？

翠鸟叫声清脆，爱在水面上飞。

翠鸟叫声清脆，爱贴着水面疾飞。

翠鸟离开苇秆，很快地飞过去。

翠鸟蹬开苇秆，像箭一样飞过去。

从教材课后思考练习题目的变化，我们可以发现阅读教学导向的一些变化。"九年义务教育教材"注重针对课文内容提问，而且问题提得琐细。"小修订教材"注意从课文整体把握上提问，不提课文内容的琐细问题，注意从阅读感受的角度提问。"大修订教材"特别突出语文的积累和运用，也注重学生的自主选择，注意语文学习的综合性、开放性、实践性。"新课标教材"注重从"教本"向"学本"的转变，注重增强教材的亲和力，注重学生的自主选择、个性化阅读，注重语言的积累和运用，注重学习方式的转变（如特别强调合作、交流、讨论等）。

（二）挖掘课文的深层含义，明确课文的教育价值

在许多情况下，课文的思想感情是丰富的，教育价值是多元的，不同的人从不同的角度读后感受和理解会有差异。可以说，课文是"见仁见智"、常读常新的。作为教师，要不断提高自己的阅读能力，善于多角度、有创意地阅读课文。

比如，许多老师教学《两只小狮子》一课，都把注意力放在勤狮子"整天练习滚、扑、撕、咬，非常刻苦"这一句话上，理解这一句话的重点又放在"刻苦"一词上，理解刻苦的关键又放在"滚、扑、撕、咬"这几个动词上。课堂上常常看到老师让同学做"滚、扑、撕、咬"的动作。在他们看来，抓住了"刻苦"，就抓住了理解句子的关键，也抓住了借本文进行思想教育的关键。因为照一般的解读，课文赞扬的是勤狮子的刻苦、勤劳，批评的是懒狮子的怕苦、懒惰。经过反复阅读本文，我们发现，"整天"才是理解这句话的关键，因为所谓"刻苦"，苦就苦在"整天"练习。让学生到台上表演"滚、扑、撕、咬"，学生只能感到好玩和好笑，是很难体会到其中的苦的。而"将来我们老了，不在了，你靠谁呢?"这一句话，则是比"刻苦"更深层的教育点，可以说是本文更重要的教育价值所在。懒狮子之所以懒，看起来直接的原因是怕吃苦，但深层的原因却是有父母的依靠，生活无后顾之忧。要解决怕苦的问题，要培养刻苦的精神，就必须回答这个问题：父母老了，不在了，靠谁呢? 只要老师稍作提示，学生就可以悟到，只能靠自己，必须从小树立自主、自立、自强的信念，学会生活的本领，学会生存。这是非常具有现实意义的人生态度的引导。

又如，对《一个小村庄的故事》一文的理解，老师们在教学时，往往会让学生讨论"小村庄的毁灭是谁造成的"这个问题。经过讨论，学生明白，小村庄的毁灭，直接原因是洪水，间接原因是斧头，根本原因是村民，是村民缺乏环保意识。但从这里出发来进行环保教育，似乎还浮于表面。我们进一步想想，村民为什么不保护树木呢? 是他们不懂得砍树的潜在危害吗? 有这种可能。但如果从现实的情况来看，许多村民，甚至包括"地球村"的其他"村民"，他们并不是不知道砍树的潜在危害，但还是要偷偷地砍树；他们并不是不知道环保的重要，但还是要做破坏环境的事。仔细读课文，我们能读出其中一个最根本的原因，就是村民们只顾满足自己生活的需要，不懂得处理好眼前利益和长远利益的关系。从文中的描写可以看出，村民们凭着那把锋利的斧头，"日子还都过得不错"，他们也许看不到潜在的危险，不觉得他们是在毁灭小村庄，也许是不愿意想那么多，不愿意想那么长远。我们今天的人们知道环保的重要性，但是还要做破坏环境的事情，根源还是只顾着眼前的利益，比如，为了发展经济，为了交通方便，为了挣钱为生等等。明白了这一点，恐怕才算理解了课文的深意。而明白这一点，也可以通过阅读课文来实现。课文在中间的描述中，其实一直在暗示着这个道理。教师要善于结合上下文，结合现实生活，通过反复地读来领会课文蕴涵的教育价值，找到实施这种教育的最佳途径。

四　多向互动

传统教学的方式主要体现为教师讲学生听，后来在启发式教学的旗帜下，变成了教师问学生答、教师安排学生照办的模式，"满堂问"、"满堂练"取代了"满堂讲"，但"满堂灌"的性质似乎没有得到根本改变，学生的学习方式还表现出非常被动的特点。在课堂上，经常可以看到这样的情况：无休止的发问；"挤牙膏"式的问答（"还有没有"）；与尖子生对话；学生听得发愣；一人说，全班听……

【案例 5】

一位老师上《植物妈妈有办法》一课，一节课提了 60 多个问题（还不计随时追加的琐碎提问）。这里举例如下（括号内为学生的回答）：

讲读第一节诗时提问：孩子如果已经长大，就要离开妈妈，离开妈妈干吗？（去旅行）真的是旅行吗？（不是）是什么？（去别的地方生根发芽）用第一节的词语说，就是四……（海为家）

讲读最后一节诗时提问：植物妈妈只有这几种办法吗？（不是）还有没有什么办法？（有。植物妈妈的办法很多很多。）这些办法需要同学们平时怎么样？（浇水）（仔细观察）仔细观察才能怎样？（得到知识）如果不细心能不能得到？（不能）"那里有许许多多的知识"，"那里"指什么？（全部）全部什么？（植物）植物生长在哪里？（大自然）"粗心的小朋友却得不到它"，你们是不是粗心的小朋友？（不是）那你们能不能得到知识？（能）

讲读第四节诗时，老师让学生质疑。学生提的问题是："豌豆"是什么意思？豌豆是怎样传播种子的？"啪的一声"指的是什么？"蹦着跳着离开妈妈"是什么意思？

要改变这样的局面，必须加强师生之间、生生之间的多向互动。除了本书第二、三章的有关建议外，下面再具体说说阅读教学中展开多向互动的注意事项。

（一）从教师的问出发，改为从学生的学出发

要想清楚学生通过学这一篇课文，应该在哪些方面获得发展，应该怎样来规划和展开自己的学习过程，教师应该提供怎样的支持和协助。教师应该精心设计提问，问题要精练，要有挑战性，有思维训练和语言训练的价值。比如《植物妈妈有办法》这一课，教师可抓住以下几个问题引导学生进行朗读、感悟、交流。

（1）植物妈妈要旅行，靠的啥办法？（问题引读）

（2）你觉得哪一种办法最妙？自主朗读，体会体会。结合朗读理解、感悟、积累、运用词语（比如结合课文说说什么叫"四海为家"，通过实物演示理解"带刺的铠甲"，通过课件理解"纷纷出发"）。（朗读感悟）

（3）你还知道什么植物旅行的好办法？（课前准备）怎么知道的？（搜集资料或仔细观察）试着续编一段。（读写结合，语言运用）

（二）把问答式的互动模式，改为学生自主学习、师生合作交流的互动模式

要把"教师问学生答"的教学模式转变为师生交往、互动的教学模式。下面是一位老师上《看雪》的案例。

【案例6】

星期一下午，我伴着清脆的铃声，带着早已准备好的教学方案，和往常一样精神抖擞地走上讲台。可是，面对的学生一个个都无精打采，那样子已让我心冷三分。以怎样的教学方式才能激起学生学习的兴趣呢？大脑立刻搜索着解决问题的答案。对，上一届学生对"大组质疑，合作解答"的方式最感兴趣，今天不妨试试。于是，我抛开手里的教案，对学生说："同学们，今天我们用一种新的方式来学习第12课《看雪》。想试试吗？"只见学生流露出好奇的目光。我接着说："请你们先自己提出问题，然后以同学互相解答问题的方式来学习。"真是一石激起千层浪，学生们欢呼起来。我随后提出："要能提出问题，要能为同学解决问题，那就要熟悉课文。请同学们自由朗读课文，边读边思考有什么不明白的地方，做个你喜欢的记号。"学生都兴致勃勃地读了起来，和刚开始的表现简直是"判若两人"。正如苏霍姆林斯基所说的一样："人的内心有一种根深蒂固的需要——总感觉自己是一个发现者、研究者、探寻者。在儿童的精神世界中，这种需要特别强烈。"

几分钟读书后，一只只小手接连不断地举了起来，为了能保护每一个孩子的积极性，我采取大组合作的方式来质疑。大组轮流依次提问，一个同学提出一个问题得10分，特别好的加奖10分，最后看哪组提问的人次多，依据得分多少评出冠军队。当这一比赛的规则宣布后，几十双小手举了起来。

问1：我不明白"童年"是什么？

问2：请问，为什么要用洁白的棉花当做雪呢？什么是"橱窗"啊？

问3："雪景"是指什么呀？

问4：老师讲了一个童年玩雪的故事，他的故事在哪儿呀？

问5：台湾怎么不下雪，而北京要下雪呢？

……

学生的问题好多好多，每个孩子提的问题，我都给他们打分。学生由疑而问，哪怕是一些幼稚的、肤浅的问题，也是一个主动学习、积极思维的过程。在这一过程中，"学生的个性差异和不同的学习需求"得到了充分的关注，真正体现了"学生是学习和发展的主体"。

提出问题之后，更要引导学生自己解决问题。我建议同学可以采用请人帮助的办法。帮助的人解答正确给10分，解答得很完美再加10分，最后合计大组的总得分。也许还是来自小集体的力量吧，每组都争着抢着回答，都想为小集体争得更多的分。如：

答1："童年"不能说是什么，应该说是什么意思。我告诉你，"童年嘛，就是指我们的小时候。"说时，还随着语调做了个双手平摊桌面的手势，显得郑重其事。（这时，作为教师的我笑着给他们讲了一个我童年时落水的故事，乐得他们哈哈大笑。）

答2：我能解答你的提问，因为棉花是白色的，雪花也是白色的；棉花很轻，雪花也很轻，所以用棉花当做雪花最像雪。

答3："雪景"的意思是指雪中的风景。你看，课文的插图就是一幅雪景。地上是雪，房屋上是雪，树上也是雪，小朋友还在雪地上堆雪人，打雪仗，好开心。

答4：课文的第4段写的就是雪景，你读一读就知道了。（教师马上相机指导学生读这一段。）他们读得入情入境，读出了雪景的美丽。）

此时，学生不光在单纯地解决问题，还帮助同学提供了解决问题的方法。课文插图、工具书、自然风光、风俗民情、日常生活话题、学生的家庭生活等语文课程资源，都被他们自然的开发和利用。其中很多都是我备课时没有想到的。

正当孩子们热火朝天地质疑抢答的时候，小班长的发现一下让全班静静地倾听了。她说："我发现，我们今天学的课文表面上看是写老师和学生关于'看雪'的对话，跟本组的主题'爱祖国'没多大联系，因为前几篇课文表达的都是爱祖国的情感，如《我们成功了》、《北京》。但是，我仔细读后面的对话'那里的小朋友正盼着你们去和他们一起玩儿呢！'才发现这也是跟爱祖国有关系的。这句话是说北京的小朋友盼望着台湾回归祖国；课文中写到台湾的小朋友也是很想到北京看雪的，说明他们也想回归祖国。他们都盼望祖国和平统一，难道这不是爱国吗？"话音刚落，同学们不约而同地鼓起了掌。多么精彩的发现，多么深刻的感悟，出自一个7岁孩子之口。在这样的事实面前，你还能不相信你的学生？你还有必要向学生们总结讲解吗？

是呀，学生想说的话好多好多，学生想表达的思想丰富多彩。有的说："我也想去台湾看看他们那儿的美丽风景。"有的说："我愿让台湾小朋友到深圳来做客，我给他们当导游。"有的说："台湾能早日回到祖国的怀抱，那该有多好！到时我就可以到台湾去旅游啦！"……这一节课在不知不觉中结束了，但孩子们还围着我说个不停，一直拥到办公室门口，等下一节课的铃声响起，才依依不舍地离开了。

（三）把过去惯用的"先扶后放"的互动模式，改为"先放后扶、扶放结合"的互动模式

既要给学生自主学习、主动探究的机会，也要发挥教师的示范、指导作用。教师的示范朗读，示范提问，示范写字，教师对课文的感悟和理解，都会对学生提供范例，提供、启发或方法的指导。教师该问的时候还得问，该讲的时候还得讲，学生出现明显错误的时候还得纠正。现在教师几乎不敢直接讲什么内容，凡想讲则必先问。比如，一位老师上《迷人的张家界》，第一个环节"启发谈话，导入课题"是这样的："我们班的同学有没有家乡是湖南的？知道你们那儿有一座国家级森林公园，在哪儿？（根据回答板书）"试想，班上同学是否有老家是湖南的，作为班主任不知道吗？如果真的没有，怎么办？根据后一个提问看，教师似乎已经判定有了，说明是明知故问。而且，这样的提问对学生有什么启发呢？

（四）把教师面向全班学生的互动模式，改为个别学习、小组学习、全班教学有机结合的互动模式

要让全体学生都有参与的机会。如果总是教师面对全班学生讨论问题，能参与回答的只能是少数学生，学生就会产生"老师为什么不叫我回答"的抱怨。另外，提倡师生角色动态呼唤，充分发挥教学助手（小老师）的作用，搭建新的互动平台。

五 善于导向

在师生对话、交往互动、动态生成式的教学中，教师的导向显得极为重要。所谓善于

导向，有以下几层含义。

1. 教师要有预定的目标

教师要在认真分析课程目标，认真分析教材，认真了解学生，认真确定教学内容的基础上，明确一节课的教学任务，明确教学重点，这样在教学中才能做好导向。

但是师生对话的过程是动态发展的，具有多变的特点。如果不善于应变，就会使对话走上岔路，产生无效的对话，学生可能把问题想"歪"了，可能进行无聊的争论，甚至钻牛角尖，出风头，不利于使学生形成正确的分析问题和看待问题的态度。

教师在教学设计和实施过程中，都应该随时思考一个问题：应该把对话往哪儿引导？

2. 教师要预设弹性化的教学程序

这个程序可能有多个切入点，有多个交叉路口，教学过程中可能有多种路径的选择，但是必须有大致的规划，有教学的主线。如果以读为主线，每一个层次的读要达到什么目的、要求，读中应该整合什么内容，都要想清楚；如果以质疑、讨论为主线，是教师问学生，还是学生问老师，还是学生问学生，或者几种形式都采用，谁先发问，问几个问题，对提问有什么要求，通过什么途径解决问题，如何落实对课文的读，等等，都要大致安排一下（也可听听学生的意见）。

3. 教师要善于因势利导

如果学生在对话中出现了一些"突发奇想"、"奇谈怪论"的情况，教师要善于从正面加以引导，不要简单否定甚至随意批评学生。

4. 要实实在在地进行情感态度价值观的引导

过去，人们都很重视在阅读教学中进行思想教育，但比较多的，还是"穿靴戴帽"、"无限拔高"式的教育。比如，讲《灰雀》，就让学生说平时有没有说谎的经历，再做个自我批评，表表态，但回到生活中，该说谎时还说谎；讲《两只小狮子》，就要说说受到了什么教育，表示一定要不怕苦不怕累，落实到具体行动上，就是要刻苦学习，但下课以后，贪玩的还是贪玩。一位老师上《翠鸟》一课，学完课文，就用投影出示一张图片，一只翠鸟站在苇秆上。老师问学生："你们看，这只翠鸟怎么啦？"学生看不明白，说不上来。老师接着说："它在流泪！大家想想，它为什么流泪？"学生先后发言："有猎人在打它。""它的家被人毁掉了。""河水被污染了，鱼含有毒素，翠鸟吃了鱼，生了病。"学生回答以后，教师再启发："面对这样的情景，我们应该怎么办？"学生先后回答说："我们不要打鸟。""我们要给翠鸟做窝。""我们要保护环境。"试想，这样的思想教育有多大实际价值呢？

进行情感态度价值观的教育应该紧紧结合课文，结合精心设计的教学活动，结合生活实际，进行潜移默化的影响，避免概念化的说教。比如《翠鸟》，可以紧紧结合课文体会翠鸟的可爱，产生喜爱的感情，有了这份感情，谁还会去伤害它呢？课文里有一句话，"我们真想捉一只翠鸟来饲养"，这句话包含了作者对翠鸟的喜爱之情，可引导学生体会体会；还有一句话，"它从那么远的地方飞到这里来，是要和我们做朋友的呀!"结合这句话，就可以很好地让学生体会到人和动物和谐相处的道理。

【案例 7】

　　一位老师上《陶罐和铁罐》一课，在学完课文，总结归纳了这则寓言的寓意之后，没有让学生来发表感想和表态，而是设计两个活动，在活动中让学生真实地体验既要看到自己的长处，更要多看自己的短处，多看别人的长处这个道理。一个活动是，让学生展示自己写的本课生字，先让自己认为写得不错的学生展示，再问有没有自己认为写得不太好的学生愿意来展示的。认为写得好的当然愿意来展示，认为自己写得不好的学生就不太愿意来展示了。结果上来一个自己认为写得不太好的学生，但他实际上写得很不错。老师借此机会，引导学生要对自己充满信心，也不要怕暴露自己的缺点。接着老师以身作则，拿出自己写的字，展示出来，指出自己写得不好的地方。第二个活动是，老师给每个小组的学生发了几篇补充阅读短文，这些短文都是关于正确看待自己的长处和短处的文章，要求学生读后说说短文中最精彩的一句话（每一篇短文都有一句点题性的话），或者短文给自己最大的启发。学生在这样的活动中，真切地感受到了正确认识和看待自己的长处和短处，是很重要的，也是不容易做到的，在平时的生活和学习中要注意提醒自己，保持清醒的头脑。这种在实践活动中渗透情感态度价值观教育的做法值得提倡。

六　注重积累

　　要提高学生的语文素养，必须丰富语言的积累。积累语言对于积累知识、培养语感、丰富情感等都有重要意义。《标准》在"全面提高学生的语文素养"这一"基本理念"中，明确提出"丰富语言的积累"的要求；在"总目标"中，又明确提出"有较丰富的积累"，"九年课外阅读总量应在 400 万字以上"的目标。

　　积累的方法有多种，朗读、背诵、默读、诵读、浏览、摘抄、交谈都是有效的办法。积累要注意把摘抄具体语言材料、读整篇文章、读书看报和口语交际等几种形式结合起来，把课内积累和课外积累结合起来，把阅读中积累和生活中积累结合起来。这里先对课内学习中的积累作简要提示，再着重讨论在课外阅读中积累的问题。

（一）在课内学习中积累

　　新课程实验教材充分体现了加强积累的思想。比如，在课文中间通过提示引导学生主动进行积累；在课后练习中通过朗读背诵加强段落、篇章的积累，通过读读抄抄加强词、句、段的积累；在语文园地（语文天地、练习）中通过读读背背加强古诗、谚语、成语等传统语言文化的积累；在教材末尾通过词语表加强词语的积累，等等。

　　在进行教学设计时，要重视积累优美的、学生喜欢的词句段；在课后作业中，也要注意布置积累的练习。读读记记、抄抄写写是积累的常用形式，但不要总用这种单调的方式。应该提倡在运用词句中积累，这是一种积极的积累方法。

（二）在课外阅读中积累

1. 明确课外阅读的意义

课外阅读有着多方面的价值，它既是增长知识、开发智力、培养语感的基本途径，也是巩固识字、扩展识字、积累语言的重要途径。可以说，课外阅读是人们的一种生活方式，是精神生活、文化生活的一部分。

2. 把握课外阅读的要求

课外阅读要兼顾以下几个要求：

（1）浓厚的阅读兴趣。显而易见，有了阅读兴趣，就不愁没有一定的阅读量。

（2）广泛的阅读面。选择读物要注意兼顾各种文体，各个国家，各个时期，各种风格，各种载体。要读童话、寓言，也要读诗歌、散文、历史故事、成语故事；要读中国作品，也要读外国作品；要读现代、当代作品，也要读古代作品；要读趣味性强的作品，也要读哲理性强的作品；要读纸介质的作品，有条件的还要通过网络阅读。小学生往往喜欢读卡通类读物或童话类读物，要引导他们在此基础上扩大阅读面。

（3）良好的阅读习惯。养成坚持读书看报的习惯，注意心理卫生和用眼卫生。排除阅读中的不健康心理，要自觉抵制对身心健康不利的低级庸俗的读物。

（4）足够的阅读量。《标准》规定小学三个学段的课外阅读总量分别不低于 5 万字、40 万字、100 万字，即在 145 万字以上。这个要求并不算高，比如一本《爱的教育》就有 20 万字，第二学段一年读这样的一本书，第三学段一年读这样的两三本书，就达到了这个标准。一些条件好的地区应该远远高于《标准》的这个最低标准才行。

（5）较高的阅读质量。其实阅读量是个弹性很大的标准，一本 20 万字的书，要读到什么程度，才算完成了 20 万字的课外阅读量呢？阅读"量"的规定还得落脚到阅读"质"的检测上来。阅读质量不仅体现在读懂，更体现在会读，在课外阅读指导中要强调阅读方法的选择和运用。

（6）较快的阅读速度。光看阅读质量也是不够的，还得看阅读所花的时间。阅读有一定的质量，又有一定的速度，才算有一定的阅读效率。

3. 加强课外阅读的组织与指导

（1）留给阅读时间。普遍的情况是，孩子作业太多，剩点时间还得看电视或者玩电脑，可用来阅读的时间太少。这种现状是需要纠正的。

（2）激发阅读兴趣。既要顺应学生的阅读兴趣，也要主动培养学生的阅读兴趣，还要呵护学生的阅读兴趣。要从学生个性化的阅读兴趣出发，培养广泛的阅读兴趣。

（3）推荐读物。推荐读物要考虑儿童的年龄特点，不同年龄阶段的儿童对读物的兴趣是不同的。可以组织学生拿出自己喜欢的读物和同伴交流。要鼓励学生自主选择阅读材料。当然教师也要根据需要适当加以引导。推荐读物的形式是多样的，比如，教师直接介绍书名和书的主要内容、特点、精彩之处，或者选读其中的精彩部分，或者说说自己读后的感受，或者请个别同学先读，然后由同学来谈读后的感受，等等。

（4）上好课外阅读指导课。可以在语文课时内，每个学期拿出几节课，作为课外阅读指导课。课外阅读指导课可以有兴趣阅读型、读物推介型、方法运用型、习惯培养型、探究阅读型、综合实践型、阅读效果检测型、阅读成果展示型等多种课型。可以结合课文的学习，选择和课文有某些联系（如同作者、同题材或者节选）的文章或图书，采用"捆绑"的方式上课外阅读指导课。比如，学了《卖火柴的小女孩》，组织学生阅读《安徒生童话选》；学了《草船借箭》，组织学生阅读《三国演义》。

（5）开展课外阅读活动。可以围绕一些专题开展课外阅读活动。比如，围绕科技节阅读科技方面的书，围绕诗歌朗诵会阅读诗歌。

（6）发挥教师的示范作用。教师也要注意多读书，多和学生交流读书心得。教师的课外阅读示范无疑是一种无声的教育和引导，其作用不容忽视。

4. 落实课外阅读的检查与展示

【思考与讨论】

有实验教师问，对学生课外阅读的情况应该怎样检查呢？如果用小组检查的方式，老师不知学生读了什么，如果老师检查，又没那么多时间。对此，你有什么好建议？你的同事又有什么好的做法？先独立思考，再找同事讨论讨论，或者搜集、阅读有关的经验文章。

课外阅读重在阅读的过程。阅读效果的检查方式应该多样化，提倡通过展示和交流的方式进行检查。不但要关注阅读量、阅读效果，还应该关注阅读习惯（如主动阅读的习惯、读物选择的习惯、用眼卫生等）。写读书笔记的形式也要提倡多样化、个性化，提纲式、摘录式、批注式、心得式、图画式、剪贴式等各种方式都可以选用。不宜用一种固定、繁琐的模式，甚至是学生不喜欢的模式强制学生写读书笔记，那样做容易挫伤学生课外阅读的积极性，效果可能会适得其反。

思考与练习

1. 搜集有关语感的资料，然后说说语感是什么，应该如何培养语感？
2. 选择一篇课文，设计出能有效激活学生的问题、任务或情境。
3. 结合实例说说阅读教学中应该如何进行思想教育。
4. 向你的学生推荐一本书或者一篇文章，并上一节课外阅读指导课。
5. 听一节阅读课，把你对这节课的分析和评价写成一篇短文。

第六章   小学写作教学

作文难，作文教学也难，这是不争的事实。作文难，难就难在它依赖于学生语文素养的整体提高；作文教学难，难就难在作文指导的方法与策略上。

在现实生活中，"会写"几乎成了少数人的专利，这少数人，被称为"笔杆子"。而大多数不会写的人，也视不会写为正常现象，"我不会写"成了推卸责任的正当理由。这种不正常的"正常"现象背后，隐藏着语文教学的历史性问题。

新课程的实施，是深化作文教学改革的良好契机。我们要根据新课程作文教学的理念和目标，改进作文教学的方法和策略，努力突破作文教学这个"难区"。

本章有什么

本章主要讨论以下两个话题：

● 小学写作教学的意义和目标
● 小学写作教学的方法和策略

学习目标

● 深刻认识写作教学的意义并能在实践中重视写作教学
● 明确小学写作教学的目标并能在教学中准确把握写作教学的目标
● 能根据我们的提示深入思考写作教学方法和策略问题

本章的重点是写作教学的方法和策略。而关于这一点，我们仅仅是根据自己的认识作了一些提示。比如，让学生明白写作的目的和意义；降低写作初始阶段的难度，从写话入手，培养写作的兴趣和自信心；加强观察、思考、想像、阅读，积累写作素材；倡导个性化写作，有创意地写作；提倡开放性写作；重视习作的评改和交流，等等。希望你能广泛参阅有关资料，结合自己的教学实践进行多角度、多层面的反思，形成自己的观点。

第一节　小学写作教学的意义和目标

一　小学写作教学的意义

《标准》指出："写作是运用语言文字进行表达和交流的重要方式，是认识世界、认识自我、进行创造性表述的过程。"

人们都说，生活是写作的源泉。我们认为，写作不但以生活为源泉，而且它本身就是一种生活方式，是生活的一部分。不仅作家以写作为生活的必需，而且我们普通人也要用各种各样的写作来记录生活，体验生活，丰富生活，享受生活，剖析自我，表达自我，发展自我，提升自我。写作是我们精神生活的需要，我们应该用心去感悟生活，用笔来记录人生。

一般地说，写作就是写文章，但学生的写作不同于作家的写作，也不完全等同于成人在生活中的写作。在小学阶段，写作、作文、习作，都是指练习写文章。

作文是生活实践、思维和语言的统一，学生作文反映出他们在思想认识、生活经验、表达能力、阅读量、知识面、写字、人格等多方面的情况。《标准》指出："写作能力是语文素养的综合体现。"这一句话，揭示了写作教学的意义和它在语文教学中的地位，还揭示了写作教学的重要策略。作文教学的多种功能，决定了它的重要意义。作文教学不仅能训练学生的书面表达能力，能提高学生的观察能力、思维能力、创新能力，丰富学生的精神生活，还能使积累的语言得以运用，使识字、写字的成果得以巩固和发展。从教学策略上讲，不能把写作教学仅仅当成书面表达能力训练，而应从不同的角度入手，从各个方面下功夫，从提高学生语文素养的角度出发，提高学生的写作能力。

"语文教学中的听、说、读、写能力，是婴儿出生时起，按顺序递次发展的过程。首先学会听，再会说。入学后，学习读和写。但就学习汉字而言，作为书面语言的读和写，也不是一开始就齐头并进的。先是学习读，在读有一定的基础上，再发展写的能力。所以一般的情况是，会读的不一定会写，但会写就会读。在这个意义上，我们可以说，写是听、说、读、写这语文科所要培养的四种特有能力中最难也是最高的要求。正因为如此，人们往往把作文能力看做是衡量一个人语文水平的主要指标或杠杆，是符合实际的。"[1]

小学是儿童语言发展的关键时期，小学写作教学对打好学生的写作基础，以及打好语文素养的基础，都有着特殊的意义。

---

[1]　朱作仁．小学作文教学心理学．福州：福建教育出版社，1993.1.

【思考与讨论】

有的地方曾经有过语文考试只考一篇作文的做法，你赞成这种做法吗？

小学写作教学的目标

《标准》"写作"总目标是："能具体明确、文从字顺地表述自己的意思。能根据日常生活的需要，运用常见的表达方式。"其中，"具体明确、文从字顺地表述自己的意思"，重在自我表达，发展个性；"能根据日常生活的需要，运用常见的表达方式"，重在交流信息，传达思想，适应社会需要。

"具体明确、文从字顺"这看似简单的八个字，实际上并不简单。"具体明确"指的是思想内容方面，要做到内容具体，言之有物，观点清楚，意图明确，感情真实；"文从字顺"指的是语言表达方面，要做到条理清楚，顺序连贯，没有语病。要做到这"两条""八字"，是不容易的。我们成人写的文章，有多少人能做到"文从字顺"呢？《标准》在学段目标中，只在第四学段才提出"做到文从字顺"的要求，在小学高年级（第三学段）才提出"内容具体，感情真实"，"做到语句通顺，行款正确，书写规范、整洁"，"能根据习作内容表达的需要，分段表述"等要求。

《标准》在写作的阶段目标里，第一学段称为"写话"，第二、三学段称为"习作"，第四学段才称为"写作"。为了清楚地看出各学段目标的阶段性和连续性，我们把第一学段"写话"和第二、三学段"习作"的目标列表表示如下。

表6-1　小学三个学段写作教学目标

	第一学段（1~2年级）	第二学段（3~4年级）	第三学段（5~6年级）
情感态度	1. 对写话有兴趣	1. 留心周围事物，乐于书面表达，增强习作的自信心 3. 愿意将自己的习作读给人听，与他人分享习作的快乐	1. 懂得写作是为了自我表达和与人交流 2. 养成留心观察周围事物的习惯，有意识地丰富自己的见闻，珍视个人的独特感受，积累习作素材
内容形式	1. 写自己想说的话，写想像中的事物，写出自己对周围事物的认识和感想	2. 能不拘形式地写下见闻、感受和想像，注意表现自己觉得新奇有趣的、或印象最深、最受感动的内容 4. 能用简短的书信便条进行书面交际	3. 能写简单的纪实作文和想像作文，内容具体，感情真实。能根据习作内容表达的需要，分段表达 4. 学写读书笔记和常见应用文

续表

	第一学段（1~2年级）	第二学段（3~4年级）	第三学段（5~6年级）
词句运用	2.在写话中乐于运用阅读和生活中学到的词语	5.尝试在习作中运用自己平时积累的语言材料，特别是有新鲜感的词句	
标点符号	3.根据表达的需要，学习使用逗号、句号、问号、感叹号	6.根据表达的需要，使用冒号、引号	5.能根据表达需要，使用常用的标点符号
修改		7.学习修改习作中有明显错误的词句	6.修改自己的习作，并主动与他人交换修改，做到语句通顺，行款正确，书写规范、整洁
习作次数速度		8.课内习作每学年16次左右	7.课内习作每学年16次左右。40分钟能完成不少于400字的习作

对以上的阶段目标，我们要把握住以下几点：

1.重视写作的情感态度

《标准》根据写作教学中学生怕作文的问题，根据学生写作的规律，关注学生的写作兴趣和自信心，并从目标的制定到教学、评价建议等方面予以落实。

2.放缓坡度

各个学段的目标层次清楚，从"写自己想说的话"，到"不拘形式地写下见闻、感受和想像"，再到"能写简单的纪实作文和想像作文"，"学写读书笔记和常见应用文"，突出强调降低起始阶段的难度，放缓坡度，突出写"放胆文"的过程。在写作的一般要求上，也比过去有进一步的放宽。

3.坚持从内容入手，贴近学生生活实际

强调"写作教学应贴近学生实际，让学生易于动笔，乐于表达，应引导学生关注现实，热爱生活，表达真情实感"。

4.发展个性和适应社会的实际需要并重

既注重鼓励学生自由表达，发展个性，培养创新能力，又注重培养学生适应社会实际需要的写作能力。写作形式上，有意淡化文体，要求写简单的纪实作文和想像作文，学写常见应用文。

5.注意写作意识的培养

第三学段提出"懂得写作是为了自我表达和与人交流"。

6.强调学用结合

重视在写作中运用平时积累的词句和其他材料。

7. 重视对习作的自我修改和相互修改

强调在修改中提高认识，并愿意与别人分享习作的快乐。

8. 强调写作的速度，也注意控制写作的负担

规定第三学段"40 分钟能完成不少于 400 字的习作"，第二、三学段"课内习作每学年 16 次左右"。写作次数和字数的量化要求，体现了多写、多改的主张，是对"在写作实践中学会写作"理念的具体落实，也体现了控制负担的精神。

第二节　小学写作教学的方法和策略

根据《标准》写作教学的理念和目标，结合写作教学实践，我们就小学写作教学的方法和策略提出以下建议。

一　让学生明白写作的目的和意义

《标准》第三学段提出"懂得写作是为了自我表达和与人交流"，就是要让学生具有初步的习作意识。我们必须让学生懂得，习作，有时是为自己而写，即为自我表达；有时是写给别人看，即为了与人交流。要努力避免学生产生这样的习作意识：习作是为完成教师布置的作业，完成教师交给的任务；或者，习作是为考试得高分而写，是为升学而写。学生只有明白了习作的真正目的，才会明白习作为什么要说真话实话，要倾注真情实感。

当然，正如我们在上一节谈到的，如果学生能把作文当成一种生活方式，作为自己生活的一部分，作为丰富自己精神生活的手段，作为增加自己人生体验的途径，那是最理想的境界。

美国《提高写作技能》一书开宗明义就表明，"写，是为了有效地交流"。这本书举出一个普通美国人高中毕业后参加工作在两周内的写作统计：写了两份广告，填了一张保险估价单，一张所得税表，写了两份理由说明，一封抗议信，一封收款信，一封家书，一封申请书。以此说明，"'写'包围着你"。① 这里强调的是写作要适应社会的实际需要。我们从这一段话中领悟到，不管是适应社会的实际需要，还是为了自我表达、发展个性，如果我们的学生能感觉到"写"包围着自己，甚至能主动地让"写"包围着自己，那他们就必然会对写作有兴趣，有动机，甚至有一种依赖感。

小学阶段的写作具有练习的性质，往往不是出于学生自发的需要。教师在写作教学中，要重视写作和学生生活的紧密结合，努力激发学生的写作动机和积极主动性，使学生

---

① 语文课程标准研制组．语文课程标准（实验稿）解读．武汉：湖北教育出版社，2002.71.

感到写作不仅仅是为了完成作业、任务，而是自我表达和与人交流的需要。

低年级学生在练习写话的时候，往往难有明确的习作意识，他们更可能是在下意识地完成着老师布置的作业、任务。但是如果他们在写话之后，能得到老师的肯定和表扬，得到同学的欣赏，或者获得家长发自内心的开心的笑，他们也会感到很快乐的。如果我们经常引导他们想想写话的好处，享受写话的乐趣，体验写话进步的快感，他们也会不自觉地形成这样的意识：写话对我来说是有意思的事，是令我开心的一件事。能做到这一点，也是非常有价值的。

【思考与讨论】

在作文教学中，激发学生的写作动机是进行作文指导的重要环节。怎样才能更好地激发学生的写作动机呢？比如，选择学生感兴趣的话题，开展学生感兴趣的活动，教师写下水作文，是否有助于激发学生的写作动机？对此你有什么更有效的办法或者更有创意的思路？

二　从写话入手，降低写作初始阶段的难度

从 1978 年大纲开始，小学作文教学的要求被拔高了。"会写简短的记叙文和常用的应用文，做到思想健康，中心明确，内容具体，条理清楚，语句通顺，书写工整，注意不写错别字，会用常用的标点符号。""初步培养准确、鲜明、生动的文风。"这样的要求明显的高于儿童的心理发展水平。从此，学生害怕作文、教师烦教作文的情况日益突出，作文教学成了语文教学中的"难区"。

1986 年大纲删去了 1978 年大纲中有关"文风"的要求，但是又加上了"详略得当"的要求，使作文教学的难度进一步加大。

1992 年大纲调整了作文教学的难度，把原来"会写简短的记叙文"改为"能写简单地记叙文"，"会写"改为"能写"，"简短"改为"简单"，程度明显降低。同时，把原来的"思想健康，中心明确，内容具体，条理清楚，详略得当，语句通顺"降低为"有中心，有条理，内容具体，语句通顺，感情真实，思想健康"。2000 年大纲在此基础上，进一步降低为"内容具体，感情真实，有一定条理，语句通顺"。《标准》在 2000 年大纲基础上，又有较大发展，进一步突出强调培养学生的写作兴趣和自信心，降低对写作规范方面的要求，只强调"内容具体，感情真实"，"分段表述"，"语句通顺，行款整齐，书写规范、整洁"等最基本的要求。

《标准》降低了写作教学的要求，但并不等于降低了写作教学的质量。试想，学生不怕写了，喜欢写了，爱写了，写得有真情实感了，写得有个性、有创意了，还用担心写作的质量吗？

就写话的发展情况来看，1950 年小学语文课程暂行标准（草案）里已有"写话"的提法，但这里的"写话"包含了"说话"和"写作"两方面的内容，与现在的写话所指不

同。1956 年大纲提出"从说到写"、"从述到作"的策略，指出"初步作文教学要注重'述'，要求儿童能够把自己阅读和别人讲述的东西用语言叙述出来"。1963 年大纲提出"作文要从写话入手"。1978 年和 1986 年大纲对低年级作文的要求主要是在写话方面，强调句子完整，语句通顺，前后连贯。1992 年大纲明确指出"低年级着重练习写话"。2000 年大纲和《标准》一样，小学低年级（第一学段）为"写话"，小学中高年级（第二、三学段）为"习作"。

写话就是把要说的话写下来，是运用书面语言的训练，是写作的一种形式，也是成篇习作的基础。写话有着多方面的功能，比如巩固识字与写字，运用积累的词语，学写句子、段落，养成留心周围事物并乐于把自己想说的话写下来的习惯，等等。低年级要认真抓好写话的训练。

写话应该从什么时候开始呢？这需要综合学生的写字量、思维发展水平等因素进行判断。写话起步不能太晚，但太早了会加重学生的负担。大致说，一年级上学期适合进行说话或图画形式的表达练习，如"口头日记"、"绘画日记"；从一年级下学期开始，可以进行简单的写句子练习，如"看图写句子"，"画与话"（即在自己画的画上写上一两句话）；二年级上册开始可以学习写日记，开始时以两周一次为宜（可称"周末日记"，还可配图画）。

写话教学要坚持以下指导思想：兴趣优先，避免反感；顺势而为，避免拔高；形式活泼，避免刻板；发展个性，鼓励创新。

教材中有许多与写话相关的铺垫性、基础性练习，比如读句子、补充说句子、扩展说句子、用词说句子、抄写句子、仿写句子等等，要予以重视。

在写话的训练方法上，也应强调灵活多样。要放手让学生写，不要一开始就提出具体、完整、连贯、通顺等种种要求，让学生觉得写话很难。低年级写话要以鼓励为主，让学生感到写话的内容随处可得，写话很有趣。对学生写的话，教师要多鼓励，可以打个等级（可用记星的办法）；可以用红笔划出学生用得好的词语，写得好的句子；对学生写得有意思的地方，还要写上发自内心的称赞的话；可以写下教师阅读之后的感受；可以挑选一些写得好的"作品"张贴出来，或者打印出来装订成册；可以让学生挑选自己认为写得好的"作品"，放入成长记录袋。

【案例 1】

　　下面是一位二年级（上学期）学生写的几则"周末日记"（学生原稿，未作修改）。从中我们可以看到学生选择材料的视角，也能看到他写话的进步情况。

9 月 14 日

　9 月 13 日的晚上，爸爸的单位请 chī 饭。我玩得很开心，决 dìngjiào 他们到我家玩。

10 月 2 日

前几天我表现不太好,昨天我表现很好,爸爸都 kuā 我表现很好。爸爸也写了一 piān 日记,我看了这日记,很高兴。我学习很好了,爸爸说:我学习真的 biàn 好了。dì 一数学作业做的很 kuài、dì 二英语作业做得也很好。这一天,我 guò 得真快乐。

10 月 7 日

10 月 4 日,我和子 yīng 哥哥、tāotāo 弟弟去 guānlán 的高尔夫球场玩儿。爸爸在路上捉到一只迷路的小白兔。它身体长得雪白雪白的,我给它起名叫:小雪。这一只小白兔就 rè 了我们 3 个人,大家都 zhēng 着要看。

我把它抱回家,爸爸 mǎi 了一个兔 lóng 给它 dàngzuò 它的家。我们每天都要 wèi 它 wōsǔn 叶和 húluó 卜,还要给它打扫卫生。我一有空就去看看它。

我和小白兔成了好朋友。

此外,三年级从"写话"正式进入"习作"阶段的时候,如果一开始习作要求太高,坡度太陡,很容易挫伤学生的习作积极性,造成学生习作的恐惧心理和抵触情绪。要继续重视培养学生的习作兴趣,使学生乐于表达;不受文体和篇章束缚,鼓励自由表达;不设过多的条条框框,让他们放开手脚,敢于表达。

三 加强观察、思考、想像、阅读,积累写作素材

写作教学要从内容入手,引导学生通过多种途径积累写作素材。

1. 要学会观察

《标准》第一学段提出"写出自己对周围事物的认识和感想";第二学段提出"留心周围事物";第三学段提出"养成留心周围事物的习惯,有意识地丰富自己的见闻,珍视个人的独特感受,积累习作素材"。(第四学段还提出"多角度地观察生活,发现生活的丰富多彩,捕捉事物的特征")

要让学生做生活的有心人,逐步学会观察生活。一是在写作教学时,要引导学生回忆生活中的人和事,让学生感到有很多东西可以写,顺手拈来都是写作材料。二是在生活中要随时提醒学生:这件事不是可以写成作文(或写到日记里)吗?

2. 要学会思考问题

我们经常发现,优秀作文的闪光之处,往往不在语言方面,而在思想方面。比如对生活的独特感悟和体验,看问题的独特视角,对问题的独特见解,构思的巧妙,等等,无不闪烁着思想的光辉,给人以启迪,甚至震撼。从写作能力提高的途径来看,语言能力和思维能力的训练也应并重。要想写清楚,必须想清楚,但写也有助于整理思路、明晰思路、发展自己的思想,思维和表达是相互联系、相互促进的。

3. 学会展开想像

想像要大胆,也要合理,有一定的依据,不是胡思乱想。即使是童话创作,也有一定的科学道理和事实依据。

4. 加强阅读

除了生活中的见闻、感受,除了根据现实生活想像的事物,还有大量的写作素材是来自于阅读的积累。阅读中的人物、事物、故事、思想、感情等等,都是写作材料的重要来源。

总之,写作素材既来自观察生活所得,来自个人的思考、感受和想像,也来自阅读的积累。长期观察,就会有所发现;坚持体验生活,就会有所感悟;坚持把阅读和观察生活、体验生活结合起来,更能相得益彰。有所发现,有所感悟,是非常宝贵的,因为是自己的,是新的,一定要珍视,要及时写下来。

我们都很熟悉鲁迅先生说过的一句话:"文章应该怎么做,我说不出来,因为自己的作文,是由于多看和练习,此外并无心得和方法的。"多看,既可以指多读书报,也可以指勤于观察,多留心周围的事情。

叶圣陶先生指出:"要文章写得像个样儿,不该在拿起笔来的时候才问该怎样,应该在拿起笔来之前多做些准备功夫。准备功夫不仅是写作方面纯技术的准备,更重要的是实际生活的准备,不从这儿出发就没有根。急躁是不成的,秘诀是没有的。实际生活充实了,种种习惯养成了,写文章就会像活水那样自然地流了。"① 这里所说的"种种习惯",包括"精密观察跟仔细认识的习惯"、"推理下判断都有条有理的习惯"、"正确的语言习惯"等。

《标准》在写作"评价建议"里指出:"不同学段学生的写作都需要占有真实、丰富的材料,评价要重视写作材料的准备过程。不仅要具体考查学生占有什么材料,更要考查他们占有各种材料的方法。要用积极的评价,引导和促使学生通过观察、调查、访谈、阅读、思考等多种途径,运用各种方法搜集生活中的材料。"这一"建议",对教师开展写作指导很有价值。

(四) 倡导个性化写作,有创意地写作

1978 年大纲和 1986 年大纲都认为:"作文就是让学生把自己看到的听到的想到的有意义的内容用文字表达出来。"这里特别强调"有意义",作文教学要求里也强调要"中心明确",再加上教师的要求、启发、引导,导致学生作文千篇一律,不是歌颂拾金不昧、乐于助人的好人好事,就是赞扬不怕困难、热爱劳动的优秀品质,或者就是表现勇于承认错误、改正错误的先进事迹。帮助五保户、孤寡老人挑水,帮老大爷推煤车,下雨后回教室关窗户,做不出数学题时想起了保尔战胜困难的事迹……这一切充斥于学生的作文,编情节、抒假情、模式化的现象特别突出,严重缺乏个性、创造性和真情实感。

---

① 叶圣陶. 叶圣陶教育文集(第三卷). 北京:人民教育出版社,1994.413.

　　1992年大纲删掉了"有意义"的表述,认为"小学生作文就是练习把自己看到的、听到的、想到的内容或亲身经历的事情,用恰当的文字表达出来",但教学要求里仍然强调"有中心"。2000年大纲删掉了"有中心"的要求。《标准》在小学阶段也不再提"有中心"的要求,只在初中阶段(第四学段)提"根据表达的中心,选择恰当的表达方式"。

　　《标准》从学生个性发展的角度出发,鼓励学生写话和习作的个性化表达,"提倡学生自主拟题,少写命题作文",要"珍视个人的独特感受","为学生的自主写作提供有利条件和广阔空间,减少对学生写作的束缚,鼓励自由表达和有创意的表达"。

　　过去作文中有一个经常写的题目,就是《记一件有意义的事》,后来教材把这个题目改成了《记一件有意思的事》,一字之差,体现了两种不同的写作教学理念和要求。

　　我们要鼓励学生写出自己的特殊视角、独立见解和独特感受。学生形成了个性化表达的意识,才谈得上写真话、实话、心里话。

　　当然,在鼓励学生进行自由表达、个性化表达的同时,也要逐步落实基本的写作规范,做到"内容具体,感情真实","分段表述","语句通顺"等等。要鼓励学生写真话、实话、心里话,但也不是说只要是真实的就是好的。在鼓励学生说真话、实话、心里话的同时,要注意情感态度价值观的引导,把作文和做人统一起来。比如,许多学生在作文中都说希望将来当"大官"、"大款"、"老板",拥有高级轿车、豪华别墅,出去住高级宾馆、吃美味大餐。这种心里话里流露出来的人生观,是需要我们进行正确引导的。又如,一位老师让学生写《我最得意的一件事》,有一位学生写的是他打人的事,他认为在他打人的时候感到最得意,而且他的作文确实写得生动、形象、具体。对这样的学生,教师应该在思想上对他进行个别化的引导;对这样的作文,应该在肯定其表达上的成功之处的同时,指出思想内容上存在的问题。

　　还要提倡学生多写具有童真、童趣的东西,不要故作高深,过早地摆出一副大作家的架势,写些云里雾里、似懂非懂甚至意识流似的东西。

　　写想像作文,能培养学生的创新思维,是个性化表达和有创意地表达的重要方式。小学生也特别喜爱写这类文章。要"激发学生展开想像和幻想,鼓励写想像中的事物"。有老师让学生每人命一个自己最喜爱的作文题,结果大部分学生命的是想像作文题,比如《二十年后的我》、《假如我是市长》、《假如地球的寿命只剩三天》、《如果我会七十二变》、《我想像中的王国》等等。一位老师在外地借班上课,以"怎样才能让鸡蛋从四楼扔下来而不碎"作为话题,让学生写想像作文(有的同学还亲自做了试验),取得了很好的效果。有记人的《来客老师》、《我,天才》、《这个人真聪明》,有记事的《我成功了》、《怪题不怪》、《老师表扬了我》、《失败是成功之母》,还有童话《鸡蛋的自述》、《鸡蛋历险记》、《鸡蛋跳伞》,等等。

【思考与讨论】

　　鼓励学生个性化表达、自由表达、有创意地表达,不等于不需要教师的指导。那么,教师在写作指导方面应该做些什么呢?教材中的作文话题一般都比较宽泛,如何结合实际确定适合本班学生的具体话题？教师在各个年级写作教学中，应该如何落实基本的写作规范？比如《标准》第一学段写话的目标，主要定位在培养写话兴趣上，是否需要引导学生把语句写通顺？第二学段习作目标主要定位在"不拘形式地写"上，是否需要引导学生把内容写具体？第三学段目标提出了内容具体、感情真实、分段表述等要求，在作文指导时应该如何落实这些要求？有的教师为了引导学生把话写具体，在第一学段写话指导时，要求学生一定要写几句以上，在第二学段习作指导时，要求学生一定要写三段以上，这样做妥当吗？请把你对这些问题的思考写在笔记本上。

五　提倡开放性写作

《标准》没有"开放性写作"的提法，但我们根据语文课程的基本理念和写作教学改革的趋势，认为应该提倡进行开放性写作。

1. 树立开放性写作的理念

《标准》指出，"语文课程应该是开放而富有创新活力的"，"教材要有开放性和弹性"，"语文教师应高度重视课程资源的开发和利用"。

2. 拓宽写作的时空

让写作与语文其他内容的学习，与综合实践活动，与其他学科的学习结合起来，加强写作和生活的联系，使课内写作和课外练笔相互配合。要重视在生活中学习语言，积累语言。

3. 尽量减少对学生写作的束缚，鼓励学生进行个性化表达和有创意的表达

写作知识的教学力求精要有用。应抓住取材、构思、起草、加工等环节，让学生在写作实践中学会写作。

4. 注重作文内容、形式的开放性和灵活性

比如，准备阶段的"口头日记"，"绘画日记"；起始阶段的"每日一句（或两句）"；图文结合的"周末日记"，"连环画作文"；自由灵活的"想像作文"、"幻想故事"、"童话创作"甚至适合个别孩子的"科幻小说"；结合生活需要的"实用作文（请柬、邀请函、建议、计划）"；结合学生感兴趣话题进行的小练笔，如"班干部固定好还是轮流当好"；综合实践活动中的各种作文；借助多媒体网络进行的习作；办手抄报；交际应用作文，比如，给自己的照片、图画写文字说明，为自己的科技小作品写解说词，为某工厂的产品写广告词，为学校设计一句形象语，给班级创作歌词、班训，为班里的文艺活动撰写小品、相声、短剧，写寻物启事、招领启事、招聘启事、竞选演讲稿、广播稿、主持词、建议书、介绍信等等。

【案例2】

　　一位老师让学生把一个生鸡蛋保护一个星期，无论吃饭、睡觉、上学都要随身携带，并坚持天天写"保蛋日记"，记下"保蛋"情况和自己的体验。这个活动不但培养了学生的责任心、耐心细致的做事习惯和学生创造性地解决问题的能力，而且提高了写日记的趣味性，学生所写的日记内容充实，生动感人。

六 重视习作的评改和交流

习作的评改和交流,是习作指导的重要环节。修改的过程既是锤炼语言的过程,也是整理思想的过程,对提高写作能力有着重要作用。《标准》在写作教学上不但强调写作前的准备和指导,而且强调写作后的评议、修改和交流。在第二学段目标中提出"愿意将自己的习作读给人听,与他人分享习作的快乐","学习修改习作中有明显错误的句子";在第三学段目标中提出"修改自己的习作,并主动与他人交换修改,做到语句通顺,行款正确,书写规范、整洁";在"教学建议"中要求"重视引导学生在自我修改和相互修改的过程中提高写作能力";在"评价建议"中强调,"不仅要注意考查学生修改作文内容的情况,而且还要关注学生修改作文的态度、过程和方法。要引导学生通过学生的自改和互改,取长补短,促进相互了解和合作,共同提高写作水平"。

在教学中,有以下几点值得注意:

1. 提倡学生写完后把自己的作文念几遍

可以念给自己听,也可以念给小组同学听,或者念给全班同学听。念自己的作文,实际就是把作文放到口上说说看,很容易发现作文中用词不当、语句不通等各种问题,是修改作文的一个好办法,应该形成习惯。经常通过念作文来修改作文,也是培养语感的有效途径之一。

2. 重视作文的展示和交流

学生不愿意把自己的习作给别人看,是个普遍的现象。这可能是因为怕别人笑话自己写得不好,或者因为写了假话不愿被别人发现,或者因为不愿别人看后学习自己的写法,也可能是因为在尚未完全写好的时候不愿别人看到自己还不成熟的习作,还可能是在部分同学的下意识行为影响下相互感染、仿效而逐渐形成风气。对此,教师要从一开始写话时就重视做好正确导向,注意预防,发现苗头及时提醒,引导学生乐于把自己的习作展示给别人看,念给别人听,愿意与别人分享习作的快乐,与别人一起交流习作经验和感受。对优秀的、进步大的或者某方面有特点的作品,可以通过张贴、打印等形式进行展示、交流。

3. 改革作文批改方式

教师背着学生全批全改,需要花费大量的时间,而且往往是"吃力不讨好"。应该采用多种批改方式,提高批改实效。比如,面批面改是一种直观、互动、有个性、针对性强的作文指导方式,对提高学生的作文兴趣、作文能力、修改能力都有很好的效果。可在每次作文中或作文后,找几个学生进行面批面改,争取一个学期下来,每个学生都能获得一次面批面改的机会。对个别学生的作文还可进行重点指导,对学生在教师指导下反复修改而成的优秀作文,还可推荐发表,以进一步提高学生的写作积极性。又如,教师可以在快速浏览全班学生作文的过程中,随机简单批阅部分作文,再挑选出部分有代表性的作文在全班讲评。教师还可让学生挑选一些他们认为有代表性的作文在全班讲评。有条件的班级,还可利用实物投影进行集体评议、修改,或者利用网络进行及时的交互性评改。

4. 重视学生的自改和互改

学生自改和互改的过程,实际上是作文中的自主、合作、探究学习过程。要引导学生形成自我修改的习惯,更要引导学生在修改中学会修改。要相信学生自我修改和相互修改的能力,也要充分发挥教师的指导作用,不断提高学生的修改能力。

5. 注意把握作文评改的要求,讲究评改的策略

要根据《标准》学段目标的要求,确定各个年级评议和修改的重点;每次习作的评改,还要突出本次写作的要求,避免面面俱到。总体上说,作文要多就少改,注意保护学生习作的兴趣和自信心。对低年级写话的评改,更要体现以鼓励为主的思想。对学生写得好的地方,可以批上一两句发自内心的话,或者划上一个鼓励性的标志或线条;对写字、用词等方面特别明显的问题,可适当指出,但无需有错必改。有的低年级老师反复提醒学生写话时开头要空两格,但总有一些学生忘记,因而非常生气。其实,这样的规范化要求完全可以逐步落实,不必急于求成,如果因为这样的问题而影响学生写话的兴趣,打击学生写话的积极性,是得不偿失的。此外,作文评改还要根据学生作文的个别差异,在评改内容和要求上体现针对性和弹性,有的侧重材料,有的侧重构思,有的侧重遣词用语,有的侧重书写,对优秀作文要求可适当高些,对较差的作文要求可放宽些。

6. 注意将作文评改和作文指导过程结合起来

作文材料、构思、书写甚至选词用语等方面的问题,都可在口说或片断试写阶段适当进行评议和修改。从作文指导来说,有作前指导,作中指导,也有作后指导;从评改来说,有作后评改,也有作前评改,作中评改。作文评改是作文指导的一个方面,并和其他方面的指导过程紧密联系在一起。

7. 处理好作文评改和个性化写作之间的关系

《标准》强调自由写作、个性化写作和有创意的写作,但不等于写作没有一定的规范、标准。在作文评改过程中,我们一方面要在写作内容和形式上尊重学生的个性,鼓励学生的创造性,使评改成为个性飞扬、创造性提升的过程,而不是个性、创造性受到约束、限制甚至打击的过程;另一方面也要根据《标准》的要求,逐步落实写作的基本规范。

思考与练习

1. 在写作教学中,应该如何培养学生写作的兴趣和自信心?

2. 说说学生写作和生活的关系。

3. 你怎样理解个性化表达和提高写作能力的关系?

4. 你认为怎样才能提高作文评改的实效?

第七章 小学口语交际教学

与识字、阅读、写作比较起来,口语交际教学的理论研究和实践探索都比较薄弱。过去一直有听话和说话的训练,但二者是分离的,与口语交际的要求还有很大的差距。况且,听话、说话也好,口语交际也好,都经常被视为"软任务",考试不考,教学也就不怎么教。直到现在,忽视口语交际的情况仍然存在。再加上口语交际的理论指导和实践经验缺乏,想重视的老师也不知道如何设计和实施,才能取得应有的效果。

本章有什么

本章包含以下三个话题:
- 小学口语交际教学的意义
- 小学口语交际教学的目标
- 小学口语交际教学的方法和策略

我们讨论的重点是小学口语交际教学的方法和策略问题,希望我们的提示对你的口语交际教学设计和实施有一定的启发。

学习目标
- 结合语文教学实际和社会生活实际,深刻认识小学口语交际教学的意义
- 明确小学口语交际教学的目标并能在教学实践中准确把握这些目标
- 掌握小学口语交际教学的基本方法和策略,对创造性地进行口语交际教学设计和课堂操作有明确的思路

第一节　小学口语交际教学的意义和目标

一　小学口语交际教学的意义

在当今社会,人际沟通和交往日益频繁,口语交际的应用越来越广泛。口语交际能力对一个人的学习、生活质量和事业发展都有着重要的作用。口语交际能力低下的人,生活上会遇到很多麻烦,比如因说话不得体引起争执、吵架;在事业上会遇到各种挫折,比如因口语交际不当而导致求职失利,因说话不当得罪领导和同事;在社会交往上也会受到限制,比如因口语交际不当影响和朋友的关系。生活中矛盾重重,工作上处处碰壁,交往中屡屡失败,既影响自己的生活质量,也会给自己和他人造成心理上的伤害,严重的还会影响到自己的人生态度。

小学生虽然还没有踏入社会,但他们也同样有着自己的交往,只不过交往的对象、范围和方式有着自身的特点而已。学习口语交际,不断提高口语交际能力,对他们的学习、生活、人际沟通和交往有着重要的意义,对他们踏入社会后能够更好地适应社会生活也有着重要的意义。

《标准》指出,"口语交际能力是现代公民的必备能力"。这是从现代社会的需要出发,对口语交际能力重要性的高度概括。口语交际训练是儿童语言发展和整体发展的需要。从儿童语言发展的角度说,之所以要进行口语交际训练,是因为儿童听的能力、口语表达能力、言语交际能力存在问题和不足,需要发展。虽说小学各个年级的儿童口头语言的发展已经达到了一定程度,但是离满足实际生活的需要还有着很大的差距。从学生语文素养的整体发展来说,口语交际能力的发展对读写能力、思维能力的发展等都有重要意义。

二　小学口语交际教学的目标

口语交际的总目标,《标准》是这样表述的:"具有日常口语交际的基本能力,在各种交际活动中,学会倾听、表达与交流,初步学会文明地进行人际沟通和社会交往,发展合作精神。"《标准》对小学阶段各个学段口语交际目标的表述,列表表示如下。(见表7-1)

把握口语交际的目标,要注意以下几点:

1. 注意三个维度目标的整合

"标准"口语交际的目标,整合了"知识和能力"、"过程和方法"、"情感态度和价值观"三个维度的要求,三个方面相互联系,融为一体。口语交际教学中,要突出培养口语交际能力这个重点,"不必过多传授口语交际知识",要在口语交际活动中,培养学生参与口语交际活动、锻炼口语交际能力的积极性,使他们乐于参与,充满自信,讲文明,有礼貌,相互尊重,相互理解,耐心倾听,善于合作。

表7-1　小学三个学段口语交际教学目标

第一学段(1~2年级)	第二学段(3~4年级)	第三学段(5~6年级)
1. 学讲普通话,逐步养成讲普通话的习惯 2. 能认真听别人讲话,努力了解讲话的主要内容 3. 听故事、看音像作品,能复述大意和精彩情节 4. 能较完整地讲述小故事,能简要讲述自己感兴趣的见闻 5. 与别人交谈,态度自然大方,有礼貌 6. 有表达的自信心。积极参加讨论,对感兴趣的话题发表自己的意见	1. 能用普通话交谈。在交谈中能认真倾听,并能就不理解的地方向人请教,就不同的意见与人商讨 2. 听人说话能把握主要内容,并能简要转述 3. 能清楚明白地讲述见闻,并说出自己的感受和想法 4. 能具体生动地讲述故事,努力用语言打动他人	1. 与人交流能尊重、理解对方 2. 乐于参与讨论,敢于发表自己的意见 3. 听他人说话认真耐心,能抓住要点,并能简要转述 4. 表达要有条理,语气、语调适当 5. 能根据交流的对象和场合,稍做准备,做简单的发言 6. 在交际中注意语言美,抵制不文明的语言

2. 要注意听和说的整合，整体提高倾听、表达和应对能力

听和说是口语交际活动的两个方面，它们不是割裂开的，也不是简单地加在一起的，而是紧密交织在一起的。听的过程也是学习表达的过程，善于倾听，才能善于表达；听懂了才能正确地应对，应对正是对所听内容或问题的反馈，应对的过程就是表达的过程。所以，倾听、表达和应对是密切配合，互为依存的。

3. 要注意各学段目标之间的层次性

比如讲故事，第一学段要求"能较完整地讲述小故事"，第二学段要求"能具体生动地讲述故事"，两个学段目标之间有着明显的差别。

第二节　小学口语交际教学的方法和策略

培养口语交际能力的途径是多样的。利用语文教学各环节培养，在课内外创设交际情境让学生无拘无束地进行听说交流，在日常生活中积极主动地进行锻炼，都是非常重要的。下面单就口语交际课的教学方法和策略问题，提几点建议。

【案例1】①

贾志敏老师在教学《两个名字》一课时，为了迁移运用课文"我有……你也有……哈哈，我们都有……"这一表达形式，信步走到学生中间，把语言训练蕴于口语交际之中。

---

① 吴林．走近贾老师．小学语文教师．2003（9）

"你好，我有一支铅笔。"老师主动和一位小朋友握手，并举起一支铅笔。

"您好，我也有一支铅笔。"小朋友高兴地站起来，也举起自己的铅笔。

接着，老师亲切地示意这位小朋友和自己一起说："哈哈，我们都有一支铅笔！"

"你好，我有一副眼镜。"老师又走到一位戴眼镜的小朋友跟前，并取下自己的眼镜，高高举起。

显然，这个招呼令小朋友有些意外，但这位小朋友迅速作出反应，认真地取下自己的眼镜，学着老师的样子："您好，我也有一副眼镜。""哈哈，我们都有一副眼镜！"

轻松愉快的对话，引起了孩子们的兴趣，大家纷纷争着和老师对话。这时，老师却让小朋友先说，自己后答，不知不觉中使对话加大了难度。

生：您好！我有一件衣服。

师：（摇摇头）一件衣服有什么稀奇的？

生：（顿悟）我有一件漂亮的衣服。

师：（高兴地）我也有一件漂亮的衣服。

合：哈哈，我们都有一件漂亮的衣服！

生：您好！我有一头乌黑的头发。

师：（犹豫片刻）你好！我也有一头乌黑的头发。

合：哈哈，我们都有一头乌黑的头发！

师：不过，老师的头发是染黑的。老师头发白了还没有什么成就，你们可要努力呀！

随着对话的推进，老师又加大了难度："你们能不能说说看不见、摸不着的东西？"学生沉思了一会，突然，一只小手举了起来。

生：您好！我有一颗爱心。

师：（激动地竖起拇指，并深情地）你好！我也有一颗爱心。

合：（快乐地）哈哈，我们都有一颗爱心！

生：您好！我有一个幸福的家庭。

师：（与学生双手相握，并激动地）你好！我也有一个幸福的家庭。

合：哈哈，我们都有一个幸福的家庭！

一　明确目标，确定话题

（一）口语交际目标的确定

锻炼口语交际能力有多种途径，口语交际的内容和形式也多种多样，专门的口语交际课应该选择哪些内容，采用哪些形式，开展哪些活动，完成哪些任务呢？

一节口语交际课的教学目标，应该根据《标准》的学段目标，结合学生的年龄特点，从众多的目标中选择一两个作为重点，并在教学过程中兼顾其他目标，做到突出重点，整体提高。

口语交际的教学目标还应该比较具体，把握好要求的度，因为在一课的时间里，学生口语交际能力的发展是很有限的。有的教师在口语交际课的教案里，经常出现"学会"什么，"掌握"什么等提法。在一节课上，学生能"学会"什么，能"掌握"什么呢？如果要"学会"、"掌握"的是微观的东西,这样的目标倒有可能达到;如果要"学会"、"掌握"的是宏观的东西,这样的目标是难以达到的。

要处理好"口语交际"和"活动"之间的关系。口语交际本身就是一种活动,但是在口语交际课中的活动,往往带有综合性学习活动的特点,它除了进行口语交际,还要进行动手实践、比赛等活动。口语交际往往要凭借这些非口语的活动进行,但我们应该重点关注的是口语交际本身。在一些口语交际课中,学生花了很多时间进行动手实践活动,或者进行着一轮一轮的比赛,而对活动中的口语交际行为似乎重视不够。比如,《我会拼图》,如果在课堂上花很多时间去剪纸片和拼图,就会占用太多口语交际的时间,就会上得向手工课,而不是口语交际课。上这一节课,可以让学生在课前做一些准备,在课堂上利用这些准备,创设各种情境,开展口语交际活动。

口语交际课不能只是练习说原来会说的话,那样体现不出对口语交际能力的发展,失去了口语交际课的价值。但是哪些是学生原来不会说的话呢?这是个复杂的问题。我们只有对各个年级儿童在口语交际中存在的问题,做认真的观察、调查,进行分析和归纳,我们的口语交际教学才具有针对性,也才具有实效性。儿童在口语交际中的常见问题,包括听话能力问题,表达能力问题,应对能力问题,参与意识、倾听习惯、说话态度、说话策略问题等方面。比如,不专心听别人说话,听不明白别人的话,随意打断别人说话;不敢当众讲话,说话声音太小;说话结结巴巴,断断续续,语无伦次,找不到合适的词语来表达,或者语气语调不恰当;不愿意参与讨论,或者讨论时不善于合作,只顾自己说;说话不得体,没礼貌。

我们举几个具体的例子来说明这个问题。学生在学校每天碰到老师都要说"老师好"、"老师再见"等礼貌语言,但有的孩子即使说了这样的礼貌语言,但给人感觉还是没有礼貌,因为他们说"老师好"的时候,有一种"例行公事",甚至"迫于无奈"的感觉,口里说着,眼睛却不看着老师,只顾走着路,或者干着手里的活。老师在跟学生说话的时候,学生只顾自己玩或者继续做自己的事,眼睛不看老师,也是常见的现象。又如,家里来了亲戚,孩子说:"叔叔,你怎么又来了!"这个"又"字还说得又长又重。孩子应该没有嫌别人来得太多的意思,他也不知道这样说就含有了那样的意思,他也许是因为很久没见到叔叔了,感到来得很突然,无意中就说出了这句话。如果把这句话改为"叔叔,你怎么才来呀!"逐客令就变成了欢迎词。还有,孩子经常在客人刚来的时候就问别人什么时候走,孩子的本意是想客人多待几天,不要那么快走,可是他们不知道,这一问,恰恰取得和自己意思相反的效果,变成催人家走了。

【案例2】

一位老师上《祝贺节日》这节口语交际课。其中有一个环节,就是让学生说准备用什么方式向别人祝贺节日。一个学生说:"我买贺卡。"另一个学生马上说:"我反对!买贺卡要花几块钱,还要到商店去买，比较麻烦。"老师说："那你觉得用哪一种方式祝贺节日好？"学生说："我准备用打电话的方式。"又有学生说："我反对！要是他不在家怎么办呢？"老师说："那你觉得用哪一种方式祝贺节日好呢？"学生说："我准备写信。"马上又有学生说："我反对！写信太慢了，还要买信封和邮票，不方便。"老师说："那你觉得用哪一种方式好呢？"学生说："我准备发电子邮件。"立刻又有学生说："我反对！要是人家家里没有电脑怎么办呢？"结果，学生就这样互相反对，争论不休，到后来，许多学生不等别人说完，就抢着话筒说"我反对"，教室里吵得不可开交，老师无法收拾。学生在这一项口语交际活动中，存在的问题很明显，他们说自己的方式好的时候，抓住了这种方式的优点，忽视了这种方式的缺点；而只要抓住了别人祝贺方式中的某一个缺点，就开始反对。这是一种非常片面的思维方式，它严重影响了学生的口语交际。

我们制定口语交际的教学目标，要紧紧围绕课程目标，结合孩子口语交际能力发展的实际来考虑。我们既要从语言本身的角度思考，也要从交际的角度思考，还要从情感态度的角度思考。有的话从语言上讲是没有问题的，完整，通顺，连贯，但是从交际角度说，它可能不得体，从态度角度说，它可能不恰当。有的话记下来看不完整，但口语交际过程中，有明确的对象和语言环境，它可以有省略，不影响理解和交际。有的老师习惯于盲目地训练学生把话说具体，但从交际的角度看，有时要注意把话说具体，有时还要注意把话说得尽量简洁。

在口语交际教学中，规范语言和发展语言往往存在着矛盾。有的老师重视规范孩子的语言，总在纠正孩子的语病，但是越纠正，孩子越说不好。有的口语交际课对孩子的要求太多、太高，比如，又要注意说清楚，说完整，说具体，说得和别人不一样，还要有恰当的表情、语气、动作，声音响亮，姿态大方。对孩子要求太高，孩子难以达到；要求太多，孩子难以放开说。另一方面，有的老师让孩子放开说，但是不注意规范孩子的语言，说了半天也没有什么进步。我们应该把规范语言和发展口头语言结合起来，在发展语言的过程中规范语言，在规范语言的过程中发展语言。首先应该让孩子"敢说"，大胆说，放开说，然后才谈得上逐步做到"会说"。有些话，孩子自己在说的时候，也会感觉有些不对劲，他们会自己纠正不恰当的用词，调整自己的说法。我们应该结合具体的口语交际活动，逐步使孩子做到不但说话比较清楚、完整、连贯，而且做到听话能听懂话外之音，说话得体，有礼貌，能和谐地进行人际沟通和交往。

在口语交际活动中，应该适当安排评议的环节，让孩子在评议过程中体会表达方式，自觉规范自己的语言。孩子在口语交际中如果出现明显的用词或语句问题，老师应引导孩子自己纠正，孩子纠正不了的，老师可以提示。比如，孩子在口语中使用了方言词或方言句式，要注意改为普通话词语或普通话句式。又如，有的孩子经常说"我又要被老师挨骂了"、"我又要被挨老师骂了"这样的话，这种规律性的语法错误，应该适当提醒孩子纠正。

（二）口语交际话题的选择

口语交际话题主要是根据教学目标、学生实际以及教材内容来确定的。确定口语交际话题，要注意以下几点：

1. 要有利于完成教学目标

比如，如果一节课的教学目标强调培养学生乐于参与表达的态度，选择的话题就应该有趣味性或挑战性；如果教学目标强调培养学生表达的自信心，选择的话题就不能太难。话题还要便于互动，以便让学生在互动中提高口语交际能力，达到教学要求。

2. 贴近学生的生活

《标准》在"教学建议"里，要求口语交际教学要"努力选择贴近生活的话题"。我们在这里还进一步强调贴近学生的生活，因为学生的生活与成人的生活有着很大的不同。口语交际的话题，应该是学生熟悉的、关心的、感兴趣的话题。我们在平时与人交谈的时候都会有这样的感觉，就是谈到自己熟悉的话题才有话可说，谈到自己关心的、感兴趣的话题才愿意多说。

3. 根据实际需要运用教材

新课程实验教材的口语交际话题，努力体现了贴近学生生活的要求，但是要找出全国各地的学生都熟悉、都感兴趣的话题，是很难的。比如，找春天的话题，按照教材安排的进度，有的地区可能正好遇上春暖花开的景象，有的地区可能还在冰天雪地里，有的地区可能没有明显的季节变化现象。因此，教师一定要结合本班学生的实际，灵活地运用教材。教材中的话题，顺序可以调整，确实不适合本地实际的可以不用。

教材中安排的各项活动，可以有所取舍，比如《续讲故事》，教材提示中包含了讲故事和画故事两方面的活动，如果考虑到一年级孩子画得慢，会占用太多口语交际的时间，就可以不安排学生画，或者让愿意画的孩子在课外画。此外，教师要注意通过和学生互动，了解学生的生活、学习情况，了解他们在想些什么，注意和学生一起商量确定口语交际的话题。

三　创设情境，组织活动

口语交际是在"特定的环境"里进行的，口语交际教学也应在生活实际或者符合生活实际的交际情境中进行。这种交际情境有的是现实的，有的是模拟的。比如课堂辩论活动，就是学生在实际的辩论情境中进行辩论；而模拟法庭辩护，就是模仿法庭的辩护情境，学生并不是真的法官、律师和原告、被告。口语交际情境最好是现实的，因为在现实的情境里口语交际更有真实感，显得更自然，在模拟的情境中，始终会感觉是在替别人说话，带有表演性，容易给人说假话的印象。但是，由于受课堂这个客观条件所限制，口语交际课上的交际情境，不可能都是现实的情境，多半只能是模拟生活情境。我们要追求的是模拟得逼真，模拟得典型，模拟得自然。只要教师精心设计，善于引导，模拟的情境也会变得有真实感，甚至包含现实的成分。比如，《续讲故事》，当小松鼠讲到"着火"时，可以按照现实的情况，进行发生火警时如何报警的口语交际练习。

创设交际情境可以凭借教材的提示，但教材的提示是有限的。我们要根据教材的提示，结合生活实际，创造性地设计交际情境。好的交际情境可以激发起学生参与交际的兴趣，让学生明确交际的任务，明确自己在活动中的努力方向。

创设交际情境的形式和手段是多种多样的，语言描述，角色表演，播放录音录像，展示图片或道具，演示实验等都可选用。比如，《找春天》，可以播放春天景象的录像，可以展示春天的图画，可以展示学生自己搜集的资料，自己画的春天，可以讲述春天里的人物，描述春天的事物。

创设的情境应该有利于学生自如地表达和交际。比如问路，如果让学生把自己当成图画里的人物，扮演角色，进行问路表演，就不如让学生直接把自己放进情境里，说说自己如何问路。

三　双向互动，灵活应对

口语交际的核心是"交际"，强调的是人与人之间的沟通和交流，只有双方处于互动的状态下，才有真正意义上的口语交际。《标准》指出："口语交际是听与说双方的互动过程。"口语交际和过去"听话"、"说话"最大的不同，就是强调听与说双方的互动，尤其关注在交际过程中的应对能力。过去讲"听话"，不强调听后的反馈；讲"说话"，就只管说，可以准备好再说。现在的口语交际，听的人不是个被动的听众，他随时可能变成主动的说话者；说的人也不能只管自己说，要根据交际场合作即兴讲话，或者根据听者的反馈及时调整自己的讲话；听与说双方都是主动的，双方的角色是随时互换的。可见，口语交际对一个人听的能力，组织内部言语的能力，应变和对答能力要求较高。

单向的口语表达仍然非常重要，因为基本的表达能力是进行口语交际的基础，也是口语交际能力的一个方面。单独讲几句话都讲不清，是很难进行口语交际的。单向的口语表达训练是有必要的，但是，按照口语交际的新理念，这些训练最好能放在口语交际这个大环境里进行，在交际的过程中综合培养倾听、表达和应对能力。《标准》在口语交际的目标里，包含了讲述故事、复述故事、讲述见闻、转述他人的话、做简单的发言等偏重于单向口语表达的要求，但这些要求也都尽量从交际的角度来提，比如，复述故事与听故事连在一起，转述他人的话之前是听他人讲话，"做简单的发言"则强调注意交流的对象和场合。

实施口语交际教学，要努力设计双向互动的交际情境。教材中一些看起来是单向口语表达训练的话题，也可以增加双向互动的内容。比如，《续讲故事》，可以让学生在小组里合作续编故事，合作表演故事。又如，《我会拼图》，学生在介绍自己的拼图的时候，别的同学可以向他提问；还可以创设"小小拼图商店"，进行模拟买卖活动。

教师在口语交际活动中，既是一个组织者、引导者，也是一个参与者。作为组织者，教师要善于创设情境，激发学生参与交际的兴趣，在学生活跃起来以后，就要非常重视组织和调控。在口语交际课上，说话是主要的教学内容和教学形式，学生对所说的话题又感兴趣，无拘无束，再加上当前小学班级人数普遍较多，因此，课堂管理的难度很大，组织和调控不到位，就很容易"乱套"。上面所举的《祝贺节日》一例，就说明了这个问题。学生"乱套"，往往跟争抢机会有关，因此，教学设计时，要注意在组织形式上给更多的学生创造参与机会。在组织过程中，尤其是在表演的环节，在学生打开思路、放得很开的时候，在课的高潮阶段，一定要在活动之前明确活动要求和注意事项。

教师的组织和引导，不能变成对学生口语交际的限制和束缚。一位老师借班上《敢问路在何方》一课，一开始用一个动画引入，然后启发学生说问路要注意什么，指路要注意什么，基本上是一问一答式的问路知识教学。然后出示了学生所在学校附近道路的示意图，让学生告诉老师，怎样才能找到他们的学校。教师指着图问学生，老师问一句，学生答一句，本来很容易说清楚的事，被弄得机械、刻板，学生被老师"牵着鼻子走"，越说越糊涂。其实，教师完全可以让学生离开示意图，根据自己的观察和经验，灵活地和老师对话。如果老师坐公共汽车，应该在哪个车站下车，如果有两个车站下车都可以的话，在哪个车站下更好，下车以后怎么走，要注意哪些标志；如果老师自己开车来，应该从哪条路走，怎样转弯，注意哪些标志，从学校的哪道门进入。在对话的过程中，让学生体会问路应该注意什么，指路应该注意什么，适当归纳总结就可以了。

作为参与者，教师要重视在口语交际过程中和学生的互动。教师和学生合作表演，可以起启发、示范作用，也可以在示范中有意识地展示口语交际中容易出现的问题，让学生评议、体会。教师的示范如果过多，既会挤占学生练习的时间和机会，也可能成为学生简单模仿的对象，限制学生的思维。教师不当的"示范"，还会影响整个口语交际的效果。比如，一位老师上《续讲故事》，自己扮演小兔，让学生扮演小松鼠。本来是"小兔正在路上散步，小松鼠急急忙忙地向他走来"，结果"小兔"（老师）太主动，没等"小松鼠"开口，自己就急着问"小松鼠"有什么事，"小兔"问一句，"小松鼠"答一句。"小松鼠"反而不急，显得很被动。结果，后面学生的表演，几乎都是这样的模式。

教师在进行交际示范时，也要善于应对。比如，一位教师上《现代别墅展销会》，让学生带来小组合作制作的现代化别墅模型，在学生介绍了自己小组的"别墅"之后，教师和该小组的同学进行"买卖"对话。在讨价还价的环节，当同学坚持不降价时，教师就不知道如何应对了，只是反复说"便宜点"。其实这时如果教师说"如果不降价就到别的小组去买"，也许学生就会松口了。再有，学生的"别墅"非常先进，近乎神奇，可是他们出价20万，教师还按预先的设计和学生砍价，显得不切实际，也不会应变了。

【思考与讨论】

请和你的同事一起对下面这一节口语交际课的教学设计进行简要分析、点评。

二年级口语交际课《我和动物交朋友》教学设计①

教学目的：

1. 培养学生良好的说话习惯，说清自己想与动物交朋友的原因。

2. 进行语言规范化训练，指导学生把话说完整、说具体。

3. 鼓励学生大胆陈述自己的见解，积极参与言语实践活动。

教学准备：

课前指导学生通过询问、阅读、收看影视和网上查寻等方式搜集动物的图片资料，然后以剪贴、绘画、抄写等形式，将搜集到的资料整理好，准备在班上交流。

教学过程：

一、激发兴趣，导入新课。

1. 听力训练。

有个姑娘，事儿真忙，又是纺线，又是织网。

织了网儿不捉鱼，捉些小虫当口粮。

（要求学生听后一字不落地进行复述）

我们刚才说的是一种动物，名字叫_____？（提醒学生说完整话）

2. 动物是大自然的重要组成部分。你们都喜欢哪些动物？请选择下列句式说一说。

A. 我特别喜欢_____。

B. 我喜欢_____、_____、和_____。

C. _____、_____、_____我都喜欢。

D. _____我喜欢，_____我喜欢，_____我也喜欢。

3. 大家都很喜欢动物。这节课，我们就一起来与动物交朋友。（出示课题：我和动物交朋友）

二、自主参与，大胆陈述。

1. 师：瞧！陈老师给你们带来了哪些动物朋友？（出示图片：猫、天鹅、熊猫、金鱼、孔雀……）你想和谁交朋友？为什么？

生：我特别想和_____交朋友，因为_____。

师：这些动物有的外形可爱漂亮，有的声音动听，有的姿势优美，跟这些动物交朋友能给人以美的享受。

2. 师：你还想与谁交朋友？为什么？

---

① 陈平．"我和动物交朋友"教学设计．小学语文教师．2002（12）

学生拿出个人搜集的动物图片练说（先小组交流，后全班交流）。

（教师及时纠正学生说话中的语病）

学生讲完，逐一将图片贴到黑板上。

师：没想到你们在课外交了那么多动物朋友，我听出来了，你们交的这些朋友虽然平凡，却能为人类做出很大贡献，这些朋友该交。

课中活动：齐唱《小鸟小鸟》

3. 教师指导学生将画面说具体。

（1）出示"燕子捉虫"图，引导学生把话说完整，说具体。

A. 燕子在干吗？

B. 什么季节，怎样的燕子在捉虫？

C. 什么季节，怎样的燕子在哪里捉虫？

D. 什么季节，怎样的燕子在哪里捉虫？它捉得怎样？

（2）用刚才学到的说话方法把"蜻蜓捉虫图"说具体。

4. 多媒体展示一些动物活动场面。

师：我们的动物朋友都在忙些什么？

（生练说，略）

师：我们的动物朋友既可爱又勤劳，我们该保护它们，保护了动物，就是保护了我们人类自己。

三、互助学习，拓展思维。

1. 请为我们的动物朋友想点办法，让它们生活得更安全，更快乐。

2. 评出合情合理的金点子、银点子、爱心点子和巧点子。

3. 师：同学们，让我们行动起来，把动物的可爱、有用之处说给爸爸、妈妈、邻居们听，让大家都来保护动物，与动物交朋友。用我们的真诚、爱心，还大自然一片美丽的绿色，让小鸟自由飞翔，让小鱼快乐游玩，让所有的动物都能舒适自在地生活。（边说边画爱心）

（四）　点面结合，人人参与

口语交际能力是在口语交际实践中发展的，口语交际教学应做到让每个人都有话可说，每个人都有机会说话。"人人参与"是提高每个学生口语交际能力的保证，而乐于参与本身就是口语交际的目标之一。"人人参与"包括参与活动、参与倾听、参与表达、参与交流。

要做到"人人参与"，就必须实行"点面结合"的组织形式。"点"主要起示范、启发、引导作用，"面"则是给每一个同学创造参与的机会。要将个别活动、小组活动和全班性活动结合起来。比如要续讲故事，可以先让每个同学思考如何续编故事，再选个代表在全班试编一段，然后让每个同学在小组里说说自己续编的故事，再从小组里挑选编得好、讲得好的同学在全班展示、交流；也可以先让同学在小组里合作编故事，再挑选有代表性的小组在全班展示、交流，然后组与组之间互相观摩。指名在全班进行单独展示，或者挑选小组在全班展示，数量都不宜太多，否则大部分同学将变成被动的听众，缺少主动参与的机会。

口语交际教学中，要重点关注那些性格内向，自信心不足的同学，要注意给他们创造参与的机会，让他们多做一些力所能及的事，逐步增强自信心；也要关注那些口语表达能力强、好表现但不善于合作的同学，不要让他们"霸占"了太多的机会，让他们学会谦让、协调和互相帮助。要强化关注每一个学生的意识。有一位老师在借班上公开课时，让同桌学生之间进行对话，但没注意到最后一行有一位学生没有同桌，这位学生也没举手告诉老师，整个环节没有参与对话活动。如果教师有较强的关注每一位学生的意识，这样的问题是可以避免的。

五　注意总结，重视评价

口语交际课在一个环节结束时，一般要做简单小结或评价；整节课快要结束时，一般要进行简要的总结和评价。总结主要是让学生回顾口语交际的过程和自己的收获，目的是提高对所开展口语交际活动的认识，反思自己在口语交际过程中的表现，明确一些注意事项。评价的主要目的也是反思学习过程，可以和总结结合进行，以便调节以后的学习活动，同时体验学习成功的快乐。《标准》指出："评价学生的口语交际，应重视考查学生的参与意识和情意态度。"评价应以鼓励为主。整节课的总结和评价之后，还可根据需要，适当布置课后的口语交际实践活动，或者提出生活中口语交际的注意事项。

思考与练习

1. 说说口语交际与听说训练的不同之处。

2. 结合生活实际，和学生一起策划一个口语交际话题。

3. 从教材中选择一个口语交际话题，设计一节口语交际课，注意确定恰当的教学目标，创设有利于多向互动的情境，提供人人参与口语交际的机会。上完课后写一篇反思、体会文章。

第八章　小学语文综合性学习

"综合性学习"是个全新的概念。虽然它与过去的"课外活动"、"语文实践活动"有着内在的联系，但在内涵、目标、理念和实施策略上与"课外活动"、"语文实践活动"都有着很大的差别。人们对综合性学习的理论研究和实践探索都还处于起步阶段，我们在本章中进行的讨论，也仅仅代表着我们的初步认识。

本章有什么

本章主要讨论以下几个话题：

- 小学语文综合性学习的意义
- 小学语文综合性学习的目标
- 小学语文综合性学习的实施策略

学习目标

- 能从课程设计和学生发展的角度，深刻认识综合性学习的意义
- 明确综合性学习的目标并能在教学实践中准确把握这些目标
- 能根据综合性学习的实施策略，创造性地设计和组织实施综合性学习活动

第一节　语文综合性学习的意义和目标

一　语文综合性学习的意义

语文综合性学习与识字写字、阅读、写作、口语交际等不在一个层面，由于它在当前语文课程改革中具有重要的意义，应该特别重视，所以《标准》专门列出，加以强调。在语文课程中设置综合性学习，具有多方面的意义。

1. 从语文课程设计的角度说，语文综合性学习体现了课程综合化的趋势，是落实"努力建设开放而有活力的语文课程"这一语文课程基本理念的重要途径

《标准》在"设计思路"里指出，"课程标准还提出了'综合性学习'的要求，以加强语文与其他课程以及与生活的联系，促进学生语文素养的整体推进和协调发展"；在"基本理念"里也指出，"应拓宽语文学习和运用的领域，注重跨学科的学习和现代科技手段的运用，使学生在不同内容和方法的相互交叉、渗透和整合中开阔视野，提高学习效率，初步获得现代社会所需要的语文实践能力"。语文综合性学习对建设开放而有活力的语文课程具有重要意义，是语文新课程的一大亮点。

2. 从课程目标的角度说，语文综合性学习有利于整体提高学生的语文素养

综合性学习不仅体现为语文知识的综合运用、听说读写能力的整体发展，而且提倡多学科联系、跨领域学习、书本学习与实践活动的紧密结合，有利于培养学生的创新精神，提高学生的语文实践能力，尤其有利于在实践中培养学生的观察感受能力、综合表达能力、人际交往能力、搜集信息能力、组织策划能力、互助合作和团队精神，为促进学生语文素养的全面提高提供了有力保障。

3. 从课程实施的角度说，语文综合性学习有利于转变学生的学习方式

新一轮基础教育课程改革非常重视学生学习方式的转变，把转变学习方式作为课程改革的重要目标，并把它作为实现其他目标的重要手段。《基础教育课程改革纲要（试行）》指出："倡导学生主动参与、乐于探究、勤于动手，培养学生搜集和处理信息的能力、获取新知识的能力、分析和解决问题的能力以及交流与合作的能力。"而综合性学习，正是转变学生学习方式的重要途径。《标准》在"基本理念"中明确指出，"语文综合性学习有利于学生在感兴趣的自主活动中全面提高语文素养，是培养学生主动探究、团结合作、勇于创新精神的重要途径，应该积极提倡"。

二 小学语文综合性学习的目标

《标准》小学阶段综合性学习的目标见下表（表8-1）。

表8-1 小学三个学段综合性学习目标

第一学段(1~2年级)	第二学段(3~4年级)	第三学段(5~6年级)
1. 对周围事物有好奇心，能就感兴趣的内容提出问题，结合课内外阅读，共同讨论 2. 结合语文学习，观察大自然，用口头或图文等方式表达自己的观察所得 3. 热心参加校园、社区活动。结合活动，用口头或图文等方式表达自己的见闻和想法	1. 能提出学习和生活中的问题，有目的地搜集资料，共同讨论 2. 结合语文学习，观察大自然，观察社会，书面与口头结合表达自己的观察所得 3. 能在老师的指导下组织有趣味的语文活动，在活动中学习语文，学会合作 4. 在家庭生活、学校生活中，尝试运用语文知识和能力解决简单问题	1. 为解决与学习和生活相关的问题，利用图书馆、网络等信息渠道获取资料，尝试写简单的研究报告 2. 策划简单的校园活动和社会活动，对所策划的主题进行讨论和分析，学写活动计划和活动总结 3. 对自己身边的、大家共同关注的问题，或电视、电影中的故事和形象，组织讨论、专题演讲，学习辨别是非善恶 4. 初步了解查找资料、运用资料的基本方法

把握以上目标，要注意以下几点：

1. 综合性学习注重综合

上述目标体现了识字写字、阅读、写作、口语交际的结合，体现了知识和能力、过程和方法、情感态度和价值观的整合，体现了学习方式的综合，体现了语文学科与其他学科、语文学习和生活的联系。

2. 综合性学习注重实践

综合性学习提倡书本学习和实践活动的结合，强调在语文实践活动中培养学生的语文实践能力，引导学生在生活实践和社会实践活动中学语文、用语文。《标准》在上述目标中提到的留心周围事物，观察大自然，观察社会，热心参加校园、社区活动，策划校园活动和社会活动，组织有趣味的语文活动等等，都体现了注重实践的精神。

3. 综合性学习注重探究

学生对周围事物有好奇心，产生探究的兴趣，具有问题意识，这是进行综合性学习的前提和基础。上述目标强调了学生对周围事物有好奇心，能提出学习和生活中的问题，并学习搜集资料、进行探究，努力解决问题。这对培养学生的问题意识、探究精神和创新意识有重要作用。

4. 综合性学习注重过程

上述目标一般不指向某种知识或能力的达成度，而是提出一些学习的活动及要求，主要指向过程。因此，综合性学习主要不在于学生掌握多少知识，而在于学生是否主动获取知识，运用知识解决实际问题；主要不在于解决问题的结果，而在于能否主动发现问题和主动探索问题；主要不在于在活动中发挥多大的作用，而在于是否积极参与活动和善于合作；主要不在于学到什么思想和方法，而在于能否创造性地运用各种方法，形成自己的假设或观点。

5. 各个学段的目标相互联系而又具有层次性

比如在提出问题和解决问题方面，第一学段侧重于"就感兴趣的内容提出问题，结合课内外阅读，共同讨论"；第二学段要求"有目的地搜集资料"，"尝试运用语文知识和能力解决简单问题"；第三学段则要求"为解决与学习和生活相关的问题，利用图书馆、网络等信息渠道获取资料，尝试写简单的研究报告"。

6. 上述目标对综合性学习的内容和形式提供了明确的指引

各学段的学习内容和形式大体包括以下几个方面：

(1) 观察周围事物、大自然和社会生活，表达观察所得。

(2) 提出学习和生活中的问题，结合课内外阅读讨论问题，运用语文知识和能力解决问题，或通过搜集资料解决问题，写出简单的研究报告。

(3) 策划、组织校园活动、社会活动，在活动中学语文，用语文，学会合作。

第二节　小学语文综合性学习的实施策略

一　准确把握语文综合性学习的目标定位

【思考与讨论】

语文综合性学习是个新生事物，可供分析的案例不多。从我们所见的案例来看，有的综合性学习活动像过去的语文活动课，有的像主题队会课，有的又像综合实践活动课。在对综合性学习的目标定位上，有的强调语文学科的个性，有的强调综合性。对此，你的看法是怎样的？

语文综合性学习的目标定位，在上一节已有讨论。这里，我们结合教学实践，提出两个需要注意的问题。

（一）语文综合性学习是"综合性学习"，不同于"课外活动"或"语文实践活动"

过去的语文教学，也强调课外阅读、语文兴趣小组以及参观访问、办报、演课本剧、开故事会、朗诵会等各种形式的语文课外活动。1978 年大纲和 1986 年大纲都强调"要处理好课内和课外的关系"。1992年大纲单列了与"教学内容和教学提示"并列的"课外活动"一部分，并指出："课外活动是语文教学的有机组成部分。它可以加速培养并提高学生听说读写的能力；可以丰富学生的生活，开阔视野，增长知识；可以激发学生的兴趣，发挥特长，发展个性；可以陶冶学生的情操，使学生受到思想教育。"还指出："小学语文的课外活动包括课外阅读，兴趣小组活动和其他语文课外活动。"2000年大纲在"教学内容和要求"中列入"语文实践活动"部分，并在"教学中应该注意的几个问题"中明确指出，"要充分利用现实生活中的语文教育资源，优化语文学习环境，努力构建课内外联系、校内外沟通、学科间融合的语文教育体系。开展丰富多彩的语文实践活动，拓宽语文学习的内容、形式与渠道，使学生在广阔的空间里学语文、用语文，丰富知识，提高能力。"

《标准》在过去教学大纲的基础上，从建设开放而有活力的语文课程的高度，着眼于全面提高学生的语文素养，根据语文教育的特点，设置了综合性学习，并从课程目标到实施建议进行了系统的安排。语文综合性学习包含了过去大纲中的"课外活动"、"语文实践活动"，但不等同于"课外活动"或"语文实践活动"。过去的"课外活动"、"语文实践活动"，主要体现为语文知识的扩展和运用，体现为课内语文学习的扩展和延伸，内容不够丰富，视野不够开阔。像《错别字医院》、《我做小导游》一类的语文活动课，往往具有明显的表演性质，有的体现为语文课的"活动化"，有的与少先队主题队会比较接近。《标准》在"教学建议"里指出，"语文综合性学习主要体现为语文知识的综合运用、听说读写的整体发展、语文课程与其他课程的沟通、书本学习与实践活动的紧密结合"。可见，语文综合性学习不局限于"课外活动"和"语文实践活动"，它是课内活动与课外活动、语文课程与其他课程、书本学习与实践活动的沟通和整合。此外，课外兴趣小组活动往往是自愿参加的，而综合性学习活动是必须参加的，允许学生有所选择，但不允许学生无所选择。

（二）语文综合性学习是基于"语文"的综合性学习，不同于综合实践活动课程

我们强调综合性学习的"综合性"，强调不要把综合性学习狭隘地理解为"语文课外活动"或"语文实践活动"，但并不意味着可以无限制地理解其"综合性"，而忽略其"语文"的特点。语文综合性学习"提倡跨领域学习，与其他课程相结合"，"使学生在不同内容和方法的相互交叉、渗透和整合中开阔视野"，不能在学科之间设置森严的壁垒，这无疑是必须坚持的。但语文综合性学习是基于"语文"的综合性学习，所谓"跨学科"不等于完全跨进别的学科，如果失去了"语文"的特点，忽略了"语文"的因素，也就谈不上"跨"，谈不上"结合"了。

在小学课程中，还有单设的"综合实践活动"课程。语文综合性学习与综合实践活动在理念、目标和内容上都有许多相通之处，而且综合实践活动中往往也具有许多"语文"的因素，但语文综合性学习不等于综合实践活动。我们没有必要讨论综合性学习和综合实

践活动的区别，没有必要在他们中间划出一道清晰的界限，但我们有必要在实施语文综合性学习时，紧紧把握住"提高学生的语文素养"这一总体目标，强调"基于语文"的要求。比如，制作树叶贴画与制作贺卡相比，制作贴画比较像综合实践活动；制作贺卡具有书面表达等语文因素，比较像语文综合性学习。

《标准》在综合性学习目标中，处处体现了"基于语文"的精神。从下列加点的词语中，我们能明显地看出这一点。

(1) 对周围事物有好奇心，能就感兴趣的内容提出问题，结合课内外阅读，共同讨论。

(2) 结合语文学习，观察大自然，用口头或图文等方式表达自己的观察所得。

(3) 热心参加校园、社区活动。结合活动，用口头或图文等方式表达自己的见闻和想法。

(4) 能提出学习和生活中的问题，有目的地搜集资料，共同讨论。

(5) 结合语文学习，观察大自然，观察社会，书面与口头结合表达自己的观察所得。

(6) 能在老师的指导下组织有趣味的语文活动，在活动中学习语文，学会合作。

(7) 在家庭生活、学校生活中尝试运用语文知识和能力解决简单问题。

(8) 为解决与学习和生活相关的问题，利用图书馆、网络等信息渠道获取资料，尝试写简单的研究报告。

(9) 策划简单的校园活动和社会活动，对所策划的主题进行讨论和分析，学写活动计划和活动总结。

(10) 对自己身边的、大家共同关注的问题，或电视、电影中的故事和形象，组织讨论、专题演讲，学习辨别是非善恶。

(11) 初步了解查找资料、运用资料的基本方法。

【案例 1】

以春游活动为例，如果单纯组织一次春游，那就是综合实践活动。如果春游之后，让学生写一篇作文，那就像语文课外活动。一所学校按语文综合性学习的要求来组织，是这样安排的：

1. 让学生搜集自己认为最合适的春游地点的资料，然后在班上进行介绍或演讲，再讨论确定春游地点。

2. 让学生自主策划春游活动，讨论制定活动计划，明确春游活动的任务，活动的安排，每个同学的分工等等。

3. 分工做好春游准备工作，包括经费预算，联系交通工具，准备要带的用品（如照相机、写生用具、食品、雨具等），分组，讨论制定春游注意事项，等等。

4. 出游。在春游过程中，可以拍照，可以写生，可以调查了解春游地点的有关情况，通过现场搜集资料或咨询获取有关知识。

5. 总结、交流、展示。可以写日记或游记，还可为自己的作品配画；也可以写景点介绍，编辑小报；可以编辑影集或写生画册；还可以用电脑制作演示文稿。这些成果都可以班为单位汇编成册，由学生自己写前言、后记，在学校展出，邀请家长参观。还要进行经费结算，并进行活动总结。

二　灵活选择和确定综合性学习的内容

（一）结合学习和生活实际，通过多种途径选择学习内容

具体说，主要有以下几种途径：

1. 利用教材中专门安排的综合性学习内容

新课程实验教材一般都专门设有综合性学习栏目，栏目中安排了综合性学习的话题。其中，有的单元是以综合性学习为主进行编排的，如《走近毛泽东》，在综合性学习过程中，展开阅读、探究、习作和口语交际；有的单元是结合单元的专题（主题），将阅读、写作、口语交际和有关实践活动结合在一起，中低年级实验教材的综合性学习大都采用了这样的编排思路。

2. 结合语文学习过程进行综合性学习

比如，结合课文阅读过程中发现的问题，在课外搜集资料，进行探究；结合口语交际和习作中的话题开展实践活动，在实践活动中进行口语交际练习，并丰富习作素材。

【案例 2】①

《竹石》是苏教版实验教材三年级上册练习中的一首古诗，教材要求"读读背背"。一位老师在教学时发现学生对这首诗兴趣很浓，就和学生展开了一段对话。

师：知道这首诗是谁写的吗？

生：知道，诗的后面写着呢，他叫郑燮（yán）。

师：（板书：燮）这个字他读对了吗？

生：这个字我们没学过。

师：对，这个字你们是没学过。但你们有办法把它读准确。

生：可以查字典。

生：用部首查字法查字典。

师：这是个好办法。我们祖国的文字多得难以计数，如果光靠老师教，你们一辈子都学不完。遇到不认识的字，就可以查字典。

学生纷纷拿出字典，查到这个"燮"字读 xiè。他们大声读着"郑燮"，脸上洋溢着成功的喜悦。不一会儿，学生都已流利地背出了这首诗，可同学们并不尽兴。关于郑燮这个人，他们仍有许多疑问。

生：他是个怎样的人？

师：读了这首诗，你们能猜出郑燮是个怎样的人吗？

生：他是个诗人。

生：从诗中我发现郑燮很喜欢竹子。

生：他一定是个像竹子一样不怕风吹雨打的人。

---

① 任钰．课堂，学习的起跑线．实验研究（培训专辑），总第 40 期．

师:诗人常常以物言志。你能从诗中的竹联想到诗人本身,胜人一筹。郑燮就是郑板桥,他的诗写得好,画比诗更好。猜猜看,郑燮最擅长、最喜欢画的是什么?

生:竹,肯定是竹。

师:你真聪明,一猜就着。

生:有一部电视剧中有他的故事,可我忘了。我想知道更多有关他的故事。

师:老师也想知道关于郑燮更多的故事,用什么办法去搜集郑燮的资料呢?

生:去看有关他的书。

生:可以上网搜索。

生:我爷爷知道许多古代人的故事,我可以问问爷爷。

师:原来办法这么多,老师也去搜集一下。下星期三我们一起来交流,好吗?

一星期后的课堂上,学生们畅所欲言,讲了"胸有成竹"的典故,讲了"难得糊涂",讲了郑燮不畏权贵的故事,朗诵了郑燮的诗,带来了郑燮的画(当然这是印刷品)。同学们在这个学习活动中表现出了高涨的学习热情和较强的学习能力,体验到了探究、发现的快乐。

3. 在学科联系中寻找综合性学习内容

可以在语文学习过程中,整合音乐、美术、数学、科学、历史与社会等学科的内容,也可在其他学科学习过程中整合语文的内容。

4. 在生活中发现综合性学习的专题(话题)

一种是学生在生活中发现的问题。另一种是学生在生活中感兴趣的话题,比如在世界杯足球赛期间,开展《为国足喝彩》一类的综合性学习活动。结合生活实际进行综合性学习,要注意紧密结合当地实际,开发各种课程资源,要根据学生的年龄特点,选择适合学生的话题。

(二)要注重让学生自主选择感兴趣的专题(话题),教师参与并引导

综合性学习的话题由学生自主提出,通过讨论,挑选出多数同学感兴趣的话题。在这个过程中,教师要和学生商量、互动,给学生以启发、引导。

(三)活动类型要多样,内容可灵活

综合性学习的内容和形式是多样的,《标准》中的综合性学习建议和教材中的综合性学习话题都仅仅是举例而已,教师和学生可以根据标准中的建议和教材的提示,创造性地选择和确定综合性学习内容,有着很大的创造空间。综合性学习活动大致可分为以下几种类型:

(1) 观察、调查类,如"找春天"、"找秋天"、"初学养殖"、"环保调查"。

(2) 问题探究类,如"探索母亲河的奥秘"、"飞碟之谜"、"昆虫的研究"。

(3) 专题活动类,包括阅读交流活动、专题讨论活动、专题演讲活动、动手实践活动、竞赛展示活动等等,比如"书的世界"、"走近毛泽东"、"漫游中国名著"、"有趣的汉字"、"生日应该怎样过"、"记录课余生活"、"了解传统文化"、"走近世界杯"、"古诗词吟诵比赛"。

（四）活动次数和容量要适当，活动主题要大小结合，长短结合

应提倡操作方便而实效性强的小型综合性学习活动。为了控制学生的学业负担，实施难度大、时间跨度长的主题不能安排太多，一般一个学期以一至二次为宜；小型综合性学习活动也不宜过于频繁。

三　采用自主、合作、探究的学习方式

一次综合性学习活动的过程，包括准备、实施和交流总结等阶段。准备阶段主要是提出问题、确定话题、制定计划、明确分工、进入情境；实施阶段主要是参与活动、搜集资料、探究问题、检验假设等；交流总结阶段主要是交流体会、展示成果、总结经验。

在整个综合性学习活动过程中，学生的主动参与、自主策划、合作探究极为重要。转变学生的学习方式，使学生主动参与、善于合作、乐于探究，这既是综合性学习的目标之一，也是实现其他目标的必要条件。《标准》指出，"综合性学习应强调合作精神，注意培养学生策划、组织、协调和实施的能力"，"综合性学习应突出学生的自主性，重视学生主动积极的参与精神，主要由学生自行设计和组织活动，特别注重探索和研究的过程"。学生在活动中的合作态度、参与程度，发现问题和探索问题的意识，搜集信息的意识和整理资料的能力，都是综合性学习评价的着眼点。

要特别重视关注学生的差异，落实人人参与。有的同学充满自信，有的同学胆小怕事；有的同学善于组织、协调，有的同学喜欢独自行动；有的同学善于口语交际，有的同学却不善言辞；有的同学善于提出问题，有的同学善于思考问题；有的同学善于动手实践，有的同学喜欢展示表演。教师要善于发挥每一位同学的长处，也要注意在活动中引导学生主动克服自己的短处，使每个学生都能获得成功的体验，获得应有的发展。

综合性学习在强调学生自主的同时，不能忽视教师对学习活动的服务、组织与指导。这是确保活动顺利开展并取得实效的重要条件。学生在活动中的安全问题，也应引起教师的高度重视。

思考与练习

1. 说说语文综合性学习的意义。

2. 搜集几个语文综合性学习的案例，分析这些案例是否体现了综合性学习的特点。

3. 和你的学生一起商量确定一个语文综合性学习话题，让学生自主策划一次综合性学习活动，教师参与组织、指导。活动结束之后，写一段反思性小结。

第九章　小学语文课程评价

　　评价与考试改革是语文课程改革的"瓶颈"。评价制度和评价方式制约着教师的课程改革和教学改革。评价改革应该先行，但事实上评价改革严重地滞后了。根据调查，老师们在课程改革中最担心的问题是考试评价问题，多数老师认为这是课程改革工作中最迫切需要解决的问题。

　　评价改革又受到教育行政部门的评价观念、家长和社会的评价观念以及上一级学校的招生考试等多种因素的制约，评价改革往往面临较大的困难。但随着素质教育和课程改革的推进，这一问题应该会逐步得到解决。

　　其实，形成性评价的改革，我们语文教师是有着较大空间的；考试改革，在很大程度上取决于教研员的命题改革。因此，我们教师和教研员应该承担起评价改革的责任。

　　评价改革，从"我"做起。

本章有什么

本章主要讨论以下几个问题：
- 小学语文课程评价的理念
- 小学语文形成性评价的实施
- 小学语文考试改革

学习目标
- 树立新的评价理念
- 根据我们提供的案例，创造性地设计形成性评价工具，科学地实施形成性评价
- 了解考试改革的一些新动向

第一节 小学语文课程评价的理念

新课程主要倡导了以下评价理念:在评价目的上,强调由重视甄别与选拔,转变为重视促进学生的发展;在评价实施上,强调评价主体互动、评价内容多元、评价过程动态;在评价功能上,重视反馈调节、展示激励、反思总结、记录成长、积极导向等,尤其要强调评价的反馈调节功能;在评价类型上,强调形成性评价和终结性评价都是必要的,但应加强形成性评价;在评价方法上,强调将定性评价和定量评价向结合,更应重视定性评价。

【思考与讨论】

小学语文课程评价改革受到哪些因素的制约? 作为一名语文教师,应该怎样看待这些制约?

从政策层面看,以下文件中关于评价与考试改革的内容是我们进行评价与考试改革的重要依据。

《中共中央国务院关于深化教育改革全面推进素质教育的决定》(1999 年 6 月)指出:"加快改革招生考试和评价制度,改变一次考试定终身的状况。""建立符合素质教育要求的对学校、教师和学生的评价机制。地方各级人民政府不得下达升学指标,不得以升学率作为评价学校工作的标准。鼓励社会各界、家长和学生以适当方式参与对学校工作的评价。"

《国务院关于基础教育改革和发展的决定》(2001 年 5 月)指出:"改革考试评价和招生选拔制度。探索科学的评价办法,发现和发展学生的潜能,帮助学生树立自信心,促进学生积极主动地发展。改革考试内容和方法,小学成绩评定应实行等级制;中学部分学科实行开卷考试,重视实验操作能力考查。学校和教师不得公布学生考试成绩和按考试结果公开排队。"

《基础教育课程改革纲要(试行)》(2001 年 6 月)提出,"建立促进学生全面发展的评价体系","建立促进教师不断提高的评价体系","建立促进课程不断发展的评价体系"。

2002 年 12 月,教育部下发了《关于积极推进中小学评价与考试制度改革的通知》。通知要求各地教育行政部门、教育督导部门、教研部门要认真研究和推进中小学评价与考试改革,并从评价内容、标准、方法以及改进计划等方面对建立发展性评价体系提出了要求。比如:"教师要在教育教学的全过程中采用多样的开放式的评价方法(如行为观察、情景测验、学生成长记录等)了解每个学生的优点、潜能、不足以及发展的需要。""建立每个学生的成长记录。成长记录应收集能够反映学生学习过程和结果的资料。学生是成长记录的主要记录者。""考试是评价的主要方式之一,考试应与其他评价方式相结合;要根据考试的目的、性质、内容和对象,选择相应的考试方法;要充分利用考试促进每个学生发展。"

综合国内外的研究现状和有关文献,我们认为,小学生学习评价改革在政策支持、理论支撑、实践经验等方面都已具备较好的时机和条件,但是传统评价观念的影响还很深,考试命题的问题还很严重,形成性评价的操作性、实效性还不够强,评价改革的制约因素还很多,评价研究和改革的任务还很艰巨。

根据有关文献和实践经验,以下观点值得我们在开展评价改革时注意:

(1) 小学生语文学习评价应该是发展性评价。

(2) 评价的主要功能是反馈调节和展示激励。

(3) 评价要以人为本、承认差异、着眼长远。

(4) 语文学习评价不但要重视基础知识和基本技能,而且要立足于提高学生的语文素养,关注学生的情感、态度,学习过程和学习方法。

(5) 评价内容应将学业评价和非学业评价结合起来。

(6) 评价内容要实、形式要活,倡导开放、多元的评价方法。

(7) 强调学生的自我评价,让评价成为学生乐于参与的事而不是令学生畏惧反感的事。

(8) 评价工具、方法、措施应具有很强的可操作性,切忌繁琐化。

(9) 评价应与改进教师的教和学生的学紧密结合起来,并尽可能建立起有效的支持系统,促进评价改革整体推进。

(10) 评价改革工作要从实际出发,积极而稳步地推进。

小学生语文学习评价改革涉及范围广、内容多,可从形成性评价和考试两方面入手进行改革。

第二节 小学语文形成性评价的实施

一 小学语文形成性评价实践中存在的问题

形成性评价是一种过程评价,及时评价,是我国新一轮基础教育课程改革中突出强调的评价类型。对学生的形成性评价,要求在学生的学习过程中,及时掌握他们在学习兴趣、需要、情感、态度,知识、能力,学习方法,以及交流与合作等方面的发展情况(包括进步、不足、困难等),以便及时对教与学的行为做出调节,提高学习的有效性。

根据有关的调研,实验区的学生评价改革在取得一定成绩的同时,也存在一些明显的问题。比如,非学业内容的评价,大多数学校利用统一的评价手册定期对学生的学习态度、学习习惯、与同学的相处、劳动、关心集体等方面进行评价。但是,这些评价内容没有很好地体现学科教学目标和学科特点,也没有将非学业评价与教学有机地结合在一起。教师反映很多评价项目显得空洞和不切实际,操作起来也费时费力。又如,关于多主体评价,同学、家长评价往往目的和标准不明确,使评价散、大、空,难免流于形式,学生互评时往往注重成绩和等级,有时同学之间互不服气,评价成了"挑错"和"指责"。

我们见到一些利用表格进行检查、登记、反馈、考核的评价案例,表格种类多,内容繁琐,评价频率高(如每周一次),学生、教师和家长都疲于应付,甚至产生厌烦情绪,使评价难以坚持下去。到期末,各种评价表格四处堆放,教师不知如何处理。

根据我们的调查了解,目前在小学语文形成性评价中常见的问题有:

(1) 评价内容和方式缺乏筛选,随意性较强,重点不明确。

(2) 评价工具操作性不够强,普遍比较繁琐。

(3) 评价实施过程中师生和家长的负担较重,评价主体之间缺乏良性互动。

(4) 对收集的资料没有进行恰当的处理和合理的利用。

(5) 评价没有很好地与教学过程结合起来。

(6) 一些学校由于受传统评价与考试制度的制约,或者由于形成性评价操作难度大,导致形成性评价措施不落实。

二　小学语文形成性评价的操作要领

(一) 评价目标要立足于语文素养的提高

总体而言,语文评价目标包括基础性发展目标(如道德品质、公民素养、学习能力、交流与合作能力等)和语文学科学习目标。语文学科学习目标方面,要按《标准》要求,"突出语文课程评价的整体性和综合性,要从知识与能力、过程与方法、情感态度与价值观几方面进行评价,以全面考查学生的语文素养"。因此,小学语文形成性评价要将基础性发展目标融入语文学科学习目标,并将语文学科的三维目标整合在评价过程中。各种形式、各个方面、各个领域的评价在具体目标上有所侧重,但任何一种形式的评价,任何一项评价活动,都要综合考虑语文素养这个整体目标。

(二) 评价标准要关注个体差异

要实行差异性评价,允许"多次评价、先后达标"。评价标准要根据多元智慧理论,关注学生之间的差异和学生内部发展的不均衡性,使评价体现学生发展的独特性,使每一个学生都能发现自己的优势,从不同的方面体验到学习的成功,并通过优势智慧的发展带动其他智慧的发展。对一些有特殊才能的学生,或者在语文学习某方面有特长的学生,应该给他们提供展示才能和获得肯定的机会;对发展相对滞后的学生,也应该给他们发现自己的长处、树立学习信心的机会。

（三）评价功能要侧重改进与激励

新课程倡导的学生评价，要求淡化评价的甄别与选拔功能，突出评价的反馈调节与激励成功的功能。《标准》指出，"对学生的日常表现，应以鼓励、表扬等积极的评价为主，采用激励性的评语，尽量从正面加以引导"。当然，强调鼓励和表扬，也不意味着不能批评，只是要注意批评的出发点、角度、方法和策略，让学生容易接受，保护好他们的自尊心和自信心。

（四）评价内容要突出重点，抓住关键

形成性评价的范围广、机会多，课堂教学过程中师生随时进行的问答和检查，每天的作业，学生的自我观察和教师、同伴的观察等都属于形成性评价的范畴。我们要着重研究的是，哪些是对提高学生的语文素养起关键作用的因素，应该怎样通过有效的评价方式，促进学生在这些方面的发展，这些因素是分项评价还是整合在活动中进行评价，等等。

（五）评价方式要简便易行

评价工具要简明扼要，评价周期不能过短（当然也不能过长），评价活动要便于组织。布置评价任务时，要把学生、教师和家长的负担控制在合理的程度。要重视向家长介绍评价改革的要求，取得家长的理解与支持。

（六）评价主体要多元互动

学习是学生主动的自我建构过程，评价必须适应和促进这种学习模式的形成。学生需要利用评价来了解自己的进步，发现自己的不足，监控自己的发展，并在这个过程中养成自我反思的习惯，提高自我认识的能力。形成性评价要以自我评价为主，使其成为学生自主学习的一个组成部分。同时，要加强教师、学生、家长之间的多向交往、互动，加强合作、沟通、协商、交流。尤其要加强师生之间的互动，因为教师在影响和教育学生方面具有特殊的地位和作用，学生有进步需要得到教师的鼓励，学生有烦恼希望得到教师的理解，学生的不良行为习惯也需要在和教师的多次互动中不断调节，才能得到有效的革除。

（七）评价过程要与教学过程结合

评价目标要与教学目标达成一致，评价活动要与教学过程结合，评价之后要根据评价结果提出可操作和检查的教学改进计划，针对学生学习中的不足提出学习任务和要求，并注意发挥学生的优势，将其迁移到不足的领域，以促进学生的整体发展。

三　小学语文形成性评价操作示例

形成性评价的工具和方法应该体现多样化。教师可以结合本班学生实际，充分发挥自己的创造性,设计出个性化的评价工具,合理选择评价方法,策划评价活动。就评价方法来说,成长记录袋、学习日记、情景测验、行为观察、调查、作业、口头交流、书面寄语、书面报告、网上交流、形成性测验等等,都可合理选用。

下面根据我们对小学语文形成性评价操作要领的思考,提出一种"评价表 + 展示台 + 成长记录袋"的评价方式,对评价工具的设计和评价方法的运用问题,谈一些初步想法。

(一)"评价表"的设计与运用

表9-1 小学语文形成性评价表

评价项目	评价要点	事实摘要	月评(每月一星)	学期评定
朗读背诵	正确、流利、有感情		☆ ☆ ☆ ☆ ☆	☆
	积极主动性		☆ ☆ ☆ ☆ ☆	
自由读写(低年级换识字写字)	阅读兴趣、愿望		☆ ☆ ☆ ☆ ☆	☆
	课外阅读量		☆ ☆ ☆ ☆ ☆	
	课外练笔习惯		☆ ☆ ☆ ☆ ☆	
口语交际	口语交际课的表现		☆ ☆ ☆ ☆ ☆	☆
	日常口语交际的态度和能力		☆ ☆ ☆ ☆ ☆	
	听故事与讲故事		☆ ☆ ☆ ☆ ☆	
语文活动	参与态度		☆ ☆ ☆ ☆ ☆	☆
	表现或获奖		☆ ☆ ☆ ☆ ☆	
	创新精神与实践能力		☆ ☆ ☆ ☆ ☆	
课堂表现	学习兴趣、态度、注意力及规则意识		☆ ☆ ☆ ☆ ☆	☆
	参与提问、发言、讨论及合作意识		☆ ☆ ☆ ☆ ☆	
	学习方法与能力		☆ ☆ ☆ ☆ ☆	
作业测验	作业完成情况		☆ ☆ ☆ ☆ ☆	☆
	小测验成绩		☆ ☆ ☆ ☆ ☆	
个人优势	(自选长处、优点)		☆ ☆ ☆ ☆ ☆	☆

该评价表的评价项目中,"朗读背诵、自由读写(或识字写字)、口语交际、语文活动"等是对语文素养的提高具有关键性作用的项目,"课堂表现、作业测验"是一般性学习过程和日常学习结果方面的项目,"个人优势"是专为体现个性差异而设的开放性项目。评价项目体现了加强语文积累和语文实践,课内外结合,三维目标整合等思想,并力图简洁明了,突出重点。具体操作中,不同学段、不同时间段可以有所增删和更改,体现学段

差异和班级情况差异。比如，低年级的"识字写字"是教学重点，可将"自由读写"一项换为"识字写字"，对课内外识字量和识字兴趣、识字方法等进行评价。又如，有的学校条件艰苦，开展课外阅读、语文活动有困难，也可将有关项目作适当调整。各个阶段评价项目有所变化，也便于给学生增加新鲜感，激发其参与热情。另外，"听故事与讲故事"可以主要安排在低年级。

根据实践经验，比较系统的形成性评价以每月一评为宜。每周一评，负担过重；一学期一至两次，则时间间隔太长，容易流于形式，不能很好地起到反馈调节作用。本表采用"月评制"，为简便起见，表中每颗星代表每个月的评价结果，可用不同的颜色表示不同的评定等级。

评价采用"学生自评，小组讨论，教师协调，家长参与"的互动方式，以学生自评为主，多主体参与互动。以课堂表现为例，学生对自己的表现是最清楚的，而同伴的观察也提供了客观的依据。小组讨论可以有效避免学生自评中的不实现象和学生互评中的"互惠"现象。教师要把精力集中到教学过程中，不可能对每个学生的课堂表现提供全面、具体、准确的评价意见，只能负责协调学生自评和小组讨论中出现的问题，并加强与需要"特别关照"的学生之间的互动，以促使其不断调节自己的行为。家长也可根据学生在家学习的情况提供"佐证"，并根据师生的评价意见调整家庭教育的内容和方法。

评定采用等级制，具体操作方式可以有多种。本表采用比较直观形象的星级制。评价可用得星的数量表示等第；也可以每次画一颗星，用不同颜色表示不同等第，比如参照红绿灯的含义，绿星表示"顺利通过"，黄星表示"小心通过"，红星表示"停步反思"；还可以每次画一个圆圈，让学生画大笑脸、微笑脸或严肃脸，用不同的表情、心情反映不同的学习状况。为了克服评价的主观随意性，本表还要求记录最有代表性的事实，作为评定的参考证据。这些事实可以是优点方面的，也可以是不足方面的，以学生自己记录为主，同伴、教师、家长作补充记录。

设"学期评定"一项，意在提供一种将形成性评价与终结性评价结合的便捷方式。

评价表要事先发给学生，以便让学生明确目标，加强自我监控，及时调节自己的学习态度和行为。低年级孩子在识字量有限的情况下，评价表应更加简洁，评价时需要教师或家长的参与。

【思考与讨论】

上述"评价表"中的评价项目，不是每个年级的学生都适用的。请以你正在执教的年级为例，说说在该年级应该突出哪些评价项目。

（二）."展示台"的设计与运用

设置展示台，主要基于几方面的考虑：一是调动学生的积极主动性，使其成为评价的主人。二是让学生在展示中体验成功，树立自信。三是让学生在交流中相互启发，在竞争中相互激励，在合作中共同发展。四是在活动中评价，发挥真实情景的作用，广泛采用表现性评价的方法，使评价与学习过程结合，与学生的生活结合。

展示台将学生形成性评价的状况，动态地展现在一个园地里，既是学生发展轨迹的一个形象化记录，也是一个展示、交流、竞争的直观环境。展示台的内容可从"评价表"中精选。展示台的形式可以多样化。

【案例1】

"夺星擂台"：每个学生一个立柱，每个月每个项目五颗星，每个学期评四至五次，连续记星，比比谁的"星柱"长得高。

"过红绿灯"：设计一张表格，每个学生（写姓名或贴照片或学生自制名片）一栏，栏中列出主要的评价项目和月评结果，用红、黄、绿三种颜色表示"过关"情况。

"闪烁的圣诞树"：给每个同学画一棵圣诞树，用各种颜色的星（或苹果等不同的图案贴纸）表示不同的评价项目，在教学过程或展示活动中获得了星星，就贴到圣诞树上，比比哪棵圣诞树上星星的种类齐全、数量多。

"我的花盆"：每个学生一个花盆（剪纸），开学时在花盆里画一根"茎"，学习过程中再把学生得到的各种"小红花"或"红苹果"等贴纸（每一种贴纸可代表一个评价项目）贴在"茎"上，看谁的花开得最多、最鲜艳。

评价表中的部分项目可在日常教学过程中进行，比如朗读背诵和口语交际课的表现等；部分项目可通过学习日记和日常观察等进行评价，比如完成作业的情况等；部分项目可在"月评"时进行；还可以在日常学习过程中不断积累各种奖项（星星、苹果、小红花等），到"月评"进行汇总，"兑换"成月评中的有关贴纸。除此之外，教师要在平时教学过程中或者"月评"时，有目的有计划地设计和安排一些展示活动，在活动中进行评价。这是"展示台"的另一层含义。比如：

在图书馆、阅览室上课外阅读课（自由阅读或探究性阅读），在课中观察学生的阅读兴趣、读物倾向、阅读习惯（如是否安静、精力是否集中、取阅书刊后是否放回原处等），课后还可进行简单的阅读测验。

举办读书报告会，在活动中评价学生的阅读兴趣、读物选择能力、阅读能力、表达能力、参与意识以及胆量等。

开故事会，让学生讲听来的故事、读到的故事、自编的故事，在整合的活动中综合评价学生听的能力、读的能力、口头表达能力、创造性思维能力以及在活动中表现出的情感、态度等。

开展识字游戏活动，在游戏中评价课内认字情况，展示课外识字成果，交流识字方法、经验和情感体验。

开展综合性语文实践活动，比如排演课本剧、进行专题探究等，在活动中进行综合性评价，尤其是自主意识、合作意识、创新意识、学习方法、解决实际问题的能力等方面的评价。活动内容可结合教材的安排进行，也可创造性地自主设计，但必须控制活动的次数和容量，避免负担过重。

【思考与讨论】

1.使用上述的"展示台"，可能会出现一种情况，就是好的学生"星星"越来越多，落后的学生"星星"越来越显得少。你有什么好办法激励发展滞后的学生。

2.有老师发现，高年级的学生对上述这些"星星"、"圣诞树"、"花盆"已经不太感兴趣了。你有什么好办法来对高年级学生进行形成性评价。

（三）成长记录袋的建立与运用

《标准》指出，"提倡采用成长记录的方式，收集能够反映学生语文学习过程和结果的资料，如，关于学生平时表现和兴趣潜能的记录、学生的自我反思和小结、教师和同学的评价、来自家长的信息等"。

建立成长记录袋，要确定记录袋的类型，是否分科建立，要认真研究袋中应该放什么资料，放多少资料，记录袋由谁保管，记录袋如何利用等问题。切忌把成长记录袋简单地理解为文件夹，使其成为一个杂乱无章的"大杂烩"。

运用成长记录袋进行评价要把握好几个关键问题：一是明确使用目的，二是明确学生在选择内容和自我评价中的作用，三是教师对学生建立和运用成长记录袋的指导，四是师生共同确定评价标准，五是组织展示、交流和评分活动。

我们认为，成长记录袋的内容最好经过精心选择。可以装入"评价表"的评价结果、展示活动中的优秀作品、学生的反思记录、终结性评价的成果、学生个性特长方面的成果等。内容选择要体现学生的个性，将成长记录袋的建立过程作为发挥学生自主性、创造性的过程，作为学生自我反思和建构的过程。记录袋的管理也可以体现学生的自主性，实行自主管理。教师要有针对性地进行成长记录袋建立前的指导，并及时解决学生在成长记录袋建立过程中出现的问题，还要选择适当时机组织成长记录袋的展示、交流和评价活动。

成长记录袋是新课程大力倡导的质性评价方法，但师生在操作中都会遇到许多实际问题，比如时间不足、缺乏指导、标准难定、不好管理等。因此，成长记录袋的建立和使用，要从本校、本班以及教师本人的实际出发，要充分考虑实际效果，稳步推进。

有条件的地区，可以充分利用信息技术，为学生建立电子档案。这有利于和初中阶段的学生档案管理做好衔接，为高中、高校招生录取提供原始档案资料。

评价表、展示台和成长记录袋不是相互割裂的，而是有机结合在一起的。以它们为主体，加上教学过程中随机进行的其他评价，就可以构成小学语文形成性评价的一种完整模式。当然，这仅仅是一种举例而已，老师们完全可以根据自己的理解，创造性地进行形成性评价工具的设计。

关于形成性评价与终结性评价的结合，可以采取以下处理办法：部分形成性评价结果直接进入终结性评价，如展示台中"自由读写"和"口语交际"等项目的评价结果；部分形成性评价资料经过整理或评分进入终结性评价，如将"评价表"中的材料、成长记录袋的内容、师生交往互动的情况等加以整理，写成终结性评语。对非认知因素的终结性评价，我们不赞成只在终结性评价时用表格、手册等进行考查、鉴定，而提倡通过形成性评价进行全程的"跟踪"，在终结性评价时利用形成性评价的材料和结果进行总结，以更好地体现形成性评价的过程性和及时性，使其充分发挥反馈调节的作用。

第三节　小学语文考试改革

一　考试内容和试卷结构的改革

（一）关于考试内容

小学语文考试应立足于检测学生的语文基本素养，要突出重点，抓住关键，将知识与能力、过程与方法、情感态度与价值观三个方面结合起来，根据《标准》的学段目标，确定识字与写字、朗读与背诵、阅读与习作、口语交际等各项考试内容的比重。比如低年级应该把识字与写字、朗读与背诵的评价，放在十分突出的位置。

《标准》分别对识字与写字、阅读、习作、口语交际、综合性学习提出了评价建议，具体指出了语文各部分教学的价值取向和要求。教师要认真领会这些"建议"体现的评价理念和指导思想，这对考试评价和教学改革都极为重要。比如：

对识字的评价，不仅要看学生的识字量，更要关注学生对识字的兴趣和自主识字的能力。

对阅读的评价，既要重视阅读能力的评价，也要重视阅读方法和习惯的评价，要重视朗读与默读、精读与略读以及浏览等阅读方法的评价，要注意评价学生的阅读量和阅读速度。评价精读，要"重点评价学生对读物的综合理解能力，要重视评价学生的情感体验和创造性的理解。根据各学段的目标，具体考查学生在词句理解、文意把握、要点概括、内容探究、作品感受等方面的表现"。"评价略读，重在考查能否把握阅读材料的大意；评价浏览能力，重在考查能否从阅读材料中捕捉重要信息。"

对写作的评价，要综合考查学生作文水平的发展状况，重视对写作材料准备过程的评价，重视对作文修改的评价，提倡为学生建立写作档案。"应重视对写作过程与方法、情感与态度的评价，如是否有写作的兴趣和良好的习惯，是否表达了真情实感，对有创意的表达应予鼓励"。

对口语交际的评价，强调"重视考查学生的参与意识和情意态度"，"必须在具体的交际情境中进行，让学生承担有实际意义的交际任务，以反映学生真实的口语交际水平"。

对综合性学习的评价，强调"着重考查学生的探究精神和创新意识。尤其要尊重和保护学生学习的自主性和积极性，鼓励学生运用多种方法，从不同的角度，进行多样化的探究"。

在考试内容方面，命题者要根据《标准》及 2000 年教学大纲的要求，精心选择考试内容。对《标准》和大纲曾经明确在书面考试中不考的内容，考试卷应该避免。比如：

（1）不考默写音节。《标准》只要求书写音节，而不要求默写音节。

（2）不考笔画、笔顺、偏旁部首和间架结构等汉字知识。2000 年教学大纲指出："笔画、笔顺、偏旁部首和间架结构等汉字知识，是用来帮助识字、写字和查字典的，不应列入考试范围。"

（3）不考只要求认识而不要求学会的生字。2000 年教学大纲指出："会认的字，只要求读准字音，不抄不默不考。"《标准解读》指出："要求认识的字，只要求认识——在本课认识，放到其他语言环境中也认识，不抄，不默，不考。"[①]

（4）不考词语解释。2000 年教学大纲指出："不要考词语解释。"

（5）不考语法、修辞知识。《标准》在"评价建议"里明确规定："语法、修辞知识不作为考试内容。"

此外，对于分段、概括段意、归纳中心思想一类的题目，也应慎重考虑。在过去的大纲中，分段、概括段意是中年级的训练重点，而《标准》在阶段目标中基本没有涉及'段落'这个概念，为什么会有这样的改变呢？《标准解读》指出："这是因为过去段的训练容易把我们的教学引向繁琐分析的桎梏中，它追求的是标准、结论、答案的统一，忽视阅读中的情感体验，压抑学生自主学习的积极性，违背了阅读的规律，把'分段'、'概括段意'这个手段变成必不可少的训练程式。在阅读教学中，对于段落及其概念，我们是不可能完全回避的，关键在于，我们要把分段、概括段意作为把握内容、体会思想感情的一种

---

① 语文课程标准研制组 . 语文课程标准（实验稿）解读 . 武汉：湖北教育出版社，2002.52.

手段看待。"①而过去的概括中心思想，在《标准》中也改为体会文章的思想感情。分段经常没有固定的答案，1992年大纲就指出，"分段可以有一定的灵活性"，在这种情况下，考分段意义不大。对段落大意和中心思想进行书面的概括，难度也比较大，即使要出这样的题目，也应采用灵活的方式，只要能考查学生是否把握段落和文章的主要内容即可。

用词造句是词语运用和写句子的练习。过去语文考试中经常有造句，学生的应试经验是尽量把句子写得简单、简短，只要通顺即可，因为写得越长，越有可能出现错别字，而造句的评分标准中往往要对错别字扣分。学生所造的句子往往千篇一律，有时还出现"老师让我们用××造句"这种"万能"的句子，这已经失去了造句练习的本意。在很多情况下，"造句"成了名副其实的"造句"（编造句子）。我们认为，不宜过多地简单用"用词造句"的形式考查词语运用能力。

语文考试是否要依据教材或者紧扣教材，也是值得研究和探讨的问题。考试题扣教材太紧，容易导致教师死教教材，学生死记硬背教材中的知识；考试题一点不扣教材，也会让教师无所适从，甚至导致忽视教材的现象。我们认为，小学语文考试应该依据教材，也要注意超越教材内容。至于依据教材、超越教材的程度，也应根据学生的年段特点灵活决定。总体上，语文考试应该按照《标准》的学段要求，结合教材中的要求，突出考查学生的语文素养。

（二）关于试卷结构

从试卷结构来看，大体上有以下几种模式：

（1）字词句基础知识＋阅读＋作文（这是各地普遍采用的基本结构形式）

（2）听力＋字词句基础知识＋阅读＋作文

（3）语言积累＋字词句基础知识＋阅读＋作文

（4）听力＋阅读＋作文

（5）语言积累＋阅读＋作文

（6）阅读＋作文

（7）只考一篇作文

在以上几种模式中，一般都包括了阅读和作文两项内容。而听力、语言积累、字词句基础知识等则有所取舍。究竟哪一种试卷结构模式更合理呢？我们认为，这应在考试实践中经过试验，总结出各种模式的得失，再结合实际做出选择。此外，也不一定每次考试都采用同一种模式，可根据不同年段的教学需要而定。

有几个方面的问题需要进一步研究：

（1）字词句的基础知识最好融在阅读题目中检测，重点考查学生在语言环境中理解和

---

① 语文课程标准研制组．语文课程标准（实验稿）解读．武汉：湖北教育出版社，2002.61.

运用语言的能力。但是，这将大大增加选文和出题的难度。可通过增加阅读短文或片断的数量来解决这个问题。识字的测评方法中，指认单字形式最好改为在朗读短文过程中检查。写字的考查，可以通过看拼音写汉字来考查正确书写的能力，可以根据作文或整个试卷的书写来考查书写端正、整洁的情况。

（2）语言积累可以采用口头背诵课文、默写课文、根据课文填空等多种方式考查。课外阅读的考查用展示和交流的方式效果较好。

（3）听的能力可在口语交际中考查，也可在书面考试中考查（利用录音）。口语交际能力最好在口语交际情境中考查，不宜在书面考试中考查。有的试卷中出现了口语交际的题目，但实际上考查的是写话能力而不是口语交际能力。

（4）阅读能力考查应该包括三个方面：一是微观阅读能力，包括字词的认知与理解能力，句子理解能力，词句鉴赏能力。二是文章结构性阅读能力，包括连贯性推理能力，段落大意的大致把握能力，文章整体结构的大致把握能力；三是文章信息性阅读能力，包括文章信息的连贯性推理能力，文章信息的运用能力，对文章思想感情的感悟能力等。不同年级的考试应该有所侧重。

（5）为了给学生提供选择的机会，体现考试的弹性，可出一些选做题或附加题。

【思考与讨论】

从上述问题中，选择一两个问题，做进一步的思考，或者说说你的不同观点。

二　考试形式的改革

（一）重视表现性评价

新课程强调通过学生的体验和探究，培养他们的创新精神和解决实际问题的能力。只凭一张考试卷对学生进行评价已经不能适应新课程的要求，必须在学生完成真实性任务的过程中对学生进行多侧面、多层次的表现性评价。口试是表现性评价的一种方式，但不是唯一方式。要研究怎样根据学科目标选定表现性任务，怎样获得真实有效的评价数据，怎样达成评价结论等问题。

要研究口试的操作性问题。在过去的语文考试中，朗读、口语交际等口试项目往往难以落实，其中一个重要原因是缺乏操作性强的考试标准。从新课程倡导的评价目的和功能来看，其实这些考试的评价标准是可以有一定弹性和灵活性的，我们应该以激励为主，让学生在展示的状态下进行考试，在考试过程中体验成功和进步的快乐。

（二）改革书面考试

就书面考试改革来说，有几点需要注意：

（1）考试的方法要灵活多样，但题型要简化，要便于操作。题干要增强和学生的亲和力，但也要简洁、明确，不要兜圈子。

（2）根据语文学习重情感体验和感悟的特点，考试题目应以主观性试题为主，并注意答案的多元性、灵活性。对于主观性试题，应该制定相应的评分原则，避免评分的随意性。

（3）阅读教学提倡感性把握，阅读能力测试题目也应该体现这个特点。比如，词语理解的考查不能用词语解释的方式，用什么方式来考查呢？一份试卷的阅读题中有一道题考查对"恭维"一词的理解，是这样出的："恭维"是"因讨好而赞扬"的意思，文中哪些句子是具体写"恭维"的，请用波浪线画出来。学生能够划出"恭维"的语言和行为，说明他对"恭维"一词已经基本理解。

（4）作文考试要求"少写命题作文"，要减少对学生习作的束缚，让学生有话可写，而且能够有创意地表达。看图作文，给材料作文，话题作文等都是常用的形式。

（5）从考试政策来看，已经明确小学评价采用等级制。那么，语文考试还有必要计分吗？如果计分，分数和等级怎样对接？小题目和总成绩能否都采用等级制？这些问题也值得研究。

（6）要增强考试的趣味性，加强考试心理的辅导，教师和学生都要正确看待考试结果，避免学生产生对考试的恐惧和焦虑心理。有的学校在一年级上学期期末考试时，一些学生就说："哎呀，我好紧张啊！"这样的话相互"传染"，在全班形成了紧张的气氛。这对学生保持良好的心态，形成良好的考试心理是不利的，教师应该注意引导。

思考与练习

1. 说说评价、考试与学生发展的关系。

2. 为你任教的班级设计一份形成性评价表和一个展示台，在班上试用。

3. 搜集几份高考、中考试题，对试题的导向、内容和形式进行分析。

4. 提出你对小学语文考试改革的建议。

参考文献

1. 教育部．全日制义务教育语文课程标准(实验稿)．北京:北京师范大学出版社,2001

2. 教育部．九年义务教育全日制小学语文教学大纲(试用修订版)．北京:人民教育出版社,2000

3. 语文课程标准研制组．全日制义务教育语文课程标准(实验稿)解读．武汉:湖北教育出版社,2002

4. 杨再隋等．语文课程建设的理论与实践.北京:语文出版社,2001

5. 王荣生．语文科课程论基础．上海:上海教育出版社,2003

6. 倪文锦．小学语文新课程教学法．北京:高等教育出版社,2003

7. 关文信．新课程理念与小学语文课堂教学实施．北京:首都师范大学出版社,2003

8. 靳健．小学语文参与式教师培训教程．北京:首都师范大学出版社,2003

9. 崔峦,蒯福棣．小学语文教学法．北京:人民教育出版社,2001

10. 袁微子．小学语文教材教法．北京:人民教育出版社,1984

11. 徐家良．小学语文教育学．北京:高等教育出版社,1997

12. 朱作仁．小学语文教学法原理．上海:华东师范大学出版社,1988

13. 朱作仁,祝新华．小学语文教学心理学导论．上海:上海教育出版社,2001

14. 朱作仁．小学作文教学心理学．福州:福建教育出版社,1993

15. 许月燕．小学语文教学大纲及教材．长春:东北师范大学出版社,1999

16. 张化万．现代小学写话与习作教学．北京:语文出版社,2002

17. 路克修等．现代小学识字写字教学．北京:语文出版社,2002

18. 叶圣陶．叶圣陶教育文集(第三卷).北京:人民教育出版社,1994

19. 钟启泉等．为了中华民族的复兴,为了每位学生的发展．上海:华东师范大学出版社,2001

20. 朱慕菊．走进新课程:与课程实施者对话．北京:北京师范大学出版社,2002

21. 张华．课程与教学论．上海:上海教育出版社,2002

22. 李雁冰．课程评价论．上海:上海教育出版社,2002

23. 周卫勇．走向发展性课程评价．北京:北京大学出版社,2002

24. 李定仁,徐继存．教学论研究二十年．北京:人民教育出版社,2001

25. 吴立岗,夏惠贤．现代教学论基础．南宁:广西教育出版社,2001

26. 张大均．教育心理学．北京:人民教育出版社,1999

27. 皮连生．学与教的心理学．上海:华东师范大学出版社,1997

28. 联合国教科文．从现在到2000年教育发展的全球展望．北京:教育科学出版社,1996

29. 联合国教科文．学会生存．北京:教育科学出版社,1996

30. 钟启泉等．解读中国教育．北京:教育科学出版社,2000

31. 叶澜．新基础教育探索性研究报告集．上海:上海三联书店,1999

32. 陈桂生．到中小学去研究教育——"教育行动研究"的尝试．上海:华东师范大学出版社,2000

33. 郑金洲．校本研究指导．北京:教育科学出版社,2002

后 记

终于完稿了。

没有想像中完稿后的兴奋与释然。因为我不知道这书稿能算个什么，写之前心里没底，写完了还是没底。

本来想，完稿就完稿吧，"后记"不写也罢。但想想在这儿"记"下几句完稿后的心情，也可留作纪念。况且，有的人是习惯于从后往前翻书的，让他们先看看"后记"，也算有个事先交代。

直接让我产生写这本书冲动的，就是我曾经在省内外有关课改实验教师培训班上作过一些讲座，受到了实验教师的欢迎和鼓励。尤其是在一次新课程骨干培训者国家级研修班上讲课结束之后，许多老师很感兴趣地问有没有我写的书卖，使我当时就产生了一个想法：如果有机会，还是应该把自己的思考和体会写出来。

没想到，首都师范大学出版社的侯亮先生给我提供了这样一个机会。接下任务后，我把自己的各种讲稿和文章做了一次系统的整理，并一边进一步学习有关著作和文章，一边构思书稿。在构思和写作过程中，我又产生了许多原来没有的观点和思路。可以说，写这本书，对我也是一次新的提升。

完稿后，回头看看前言，发现书稿离当初的设想还有一段距离。

真想再给我一点篇幅，让我能把一些问题说得开一些。但正如一节课，下课铃响了，再多的话也只能等到下节课再说了。

真想再给我一点时间，哪怕十天半月也好。我每次回头看看书稿，都会感觉有修改、增删或字斟句酌的必要。但出版社的倒计时告诉我，只能寄希望于再版了。

真想再积累点实践经验，哪怕是让我再多听几节课也好。每次听课回来，都会在书稿上加上点什么，或者修改点什么。

不能再有更多的想法了，只希望书稿印出来之后，能得到专家和广大教师的批评指正。作为对话中的一方，我的话仅仅是一种"发言"；我相信，作为对话中的另一方，你的眼睛是雪亮的。

我应该谢谢你打开这本书，听我的发言。

我应该谢谢教师图书策划人侯亮先生，让我有机会在这里发言。

我更应该谢谢所有教育过、关心过、帮助过我的恩师们。我的发言，有许多是源自他们的教诲、启发甚至直接转述。

我还要特别感谢人民教育出版社小语室的领导和同志们。我有幸参加了人教版新课程实验教材的编写，就好像站队时被他们往前提了好几排，得以面对面地参与对话，接受培训，获得进步。

读别人的书，总觉得后记里的感谢之辞很俗套。看电影电视颁奖典礼，对获奖者的答谢辞也感觉千篇一律。但轮到自己才发现，以上这些感谢的话，确实是发自内心、不吐不快的。

希望读者能理解我的这种心情。

熊开明
2004 年 5 月于深圳